Spanisch

von
Ferdinand und Tilla Siebert
unter Mitwirkung von
Carlos Segoviano

Reisewörterbuch
Ernst Klett Verlag für Wissen und Bildung

Begleitend zum
Pons Reisewörterbuch Spanisch
1 Compact-Cassette mit den Redewendungen
Beide Seiten besprochen,
Sprechzeit ca. 60 min.
Klettnummer 51874
Lieferung durch jede Buchhandlung oder, wo dies auf Schwierigkeiten stößt, gegen Portokosten per Nachnahme vom Verlag.

Verfasser der Grammatik:
Dr. Francisco G. Povedano, Kiel

CIP-Titelaufnahme der Deutschen Bibliothek
Pons-Reisewörterbuch. — Stuttgart : Klett
Spanisch.
[Hauptbd.]. Von Ferdinand u. Tilla Siebert.
1. Aufl., 7. [Dr.]. — 1990
ISBN 3-12-518640-4
NE: Siebert, Ferdinand [Mitverf.]

1. Auflage 1980 — Nachdruck 1990
© Ernst Klett Verlag für Wissen und Bildung GmbH, Stuttgart 1980.
Alle Rechte vorbehalten.
Umschlaggestaltung: Erwin Poell, Heidelberg, und
Christa Janik, Leinfelden
Illustrationen: Christa Janik, Leinfelden bei Stuttgart.
Druck: W. Wirtz, Speyer
Printed in Germany.
ISBN 3-12-518640-4

Inhaltsverzeichnis

Vorwort *VI*
Aussprache *VII*
Wörterbuch Deutsch—Spanisch *1*

Redewendungen *33*

1 Allgemeine Wendungen *35*
Begrüßung, Vorstellung, Bekanntschaft *35*
Besuch *37*
Abschied *38*
Bitte und Dank *39*
Entschuldigung, Bedauern *40*
Glückwunsch *40*
Verständigungsschwierigkeiten *41*
Wetter *41*
Zeitangaben *44*
Datum und Alter *47*
Beruf, Studium, Ausbildung *47*
Zahlen *51*

2 Mit dem Auto unterwegs *53*
Auskunft *53*
An der Tankstelle *54*
Parken *54*
Eine Panne *55*
In der Werkstatt *59*
Verkehrsunfall *60*
Autovermietung *61*

3 Reisen mit Bahn, Flugzeug oder Schiff *65*
Im Reisebüro *65*
Eisenbahn: Auf dem Bahnhof *66*
            Fundbüro *69*
            Im Zug *69*
Flugzeug: Am Flughafen *70*
            An Bord *70*
            Ankunft *71*
Schiff: Auskunft *72*
            An Bord *73*

4 An der Grenze *77*
Paßkontrolle *77*
Zollkontrolle *78*

5 Bank — Geldwechsel *80*

6 Unterkunft *85*
Auskunft *85*
An der Rezeption *86*
Gespräche mit dem Hotelpersonal *88*
Beanstandungen *90*
Abreise *90*
Camping *91*

7 Essen und Trinken *96*
Im Restaurant *96*
Bestellung *97*
Beanstandungen *98*
Die Rechnung *99*
Speisekarte *103*

8 In der Stadt *112*
Auf dem Verkehrsbüro *112*
Erkundigung nach dem Weg *113*
Bus, Straßenbahn, U-Bahn *114*
Taxi *116*
Stadtrundfahrt, Ausflüge *116*
Kirche, Gottesdienst *118*

9 Auf der Post *123*
Postlagernd *124*
Ferngespräche und Telegramme *124*

10 Auf der Polizei *129*

11 Zeitvertreib — Vergnügungen *131*
Im Schwimmbad/Am Strand *131*
Sport *132*
Theater, Konzert, Kino *133*
Tanz *134*

12 Einkaufen — Geschäfte *139*
Fragen, Preise *139*
In der Buchhandlung *140*
Im Fotogeschäft *140*
Kleidung, Schuhe, Reinigung *141*
Lebensmittel *142*
Beim Optiker *142*
Im Tabakladen *143*
Beim Uhrmacher, Juwelier *143*

13 Beim Friseur *154*
Damenfriseur *154*
Herrenfriseur *155*

14 Krankheit *157*
In der Apotheke *157*
Beim Arzt *158*
Im Krankenhaus *161*
Beim Zahnarzt *162*

Wörterbuch Spanisch—Deutsch *171*
Allgemeine Abkürzungen *202*
Kurzgrammatik *204*

Abkürzungen im Reisewörterbuch

adj	Adjektiv, Eigenschaftswort	adjetivo
adv	Adverb, Umstandswort	adverbio
alg	jemand	alguien
Am	lateinamerikanisch	americanismo
conj	Konjunktion, Bindewort	conjunción
el	Elektrotechnik, Elektrizität	electricidad
f	Femininum, weiblich	femenino
fam	Umgangssprache, familiär	familiar, coloquial
fig	bildlich, übertragen	sentido figurado
m	Maskulinum, männlich	masculino
n	Neutrum, sächlich	neutro
pers prn	Personalpronomen	pronombre personal
pl	Plural, Mehrzahl	plural
pop	volkstümlich, populär	popular
poss prn	Possessivpronomen, besitzanzeigendes Fürwort	pronombre posesivo
prp	Präposition, Verhältniswort	preposición
rel	kirchlich, geistlich	religión
sing	Singular, Einzahl	singular
tele	Telefon, Telegraf	teléfono, telégrafo
u|c	etwas	una cosa
v	Verb, Zeitwort	verbo

Vorwort

Das PONS Reisewörterbuch ist Sprachführer und Wörterbuch zugleich. Es enthält neben den Wörterbuchteilen Deutsch—Spanisch und Spanisch—Deutsch als Kernstück eine reiche Auswahl von Redewendungen und Beispielsätzen, die es dem Reisenden ermöglichen, die wichtigsten Alltagssituationen im fremden Land sprachlich zu meistern.

Die Wörterbuchteile enthalten in beiden Sprachrichtungen zusammen rund 5000 Stichwörter. Besonders berücksichtigt wurden Ausdrücke der modernen gesprochenen Umgangssprache, soweit sie für Situationen typisch sind, die der Tourist häufig antrifft.

Die Redewendungen sind nach 14 Themenbereichen gegliedert: Allgemeine Wendungen; Mit dem Auto unterwegs; Reisen mit Bahn, Flugzeug oder Schiff; An der Grenze—Zoll; Bank/Geldwechsel; Unterkunft; Essen und Trinken; In der Stadt; Auf der Post; Auf der Polizei; Zeitvertreib/Vergnügungen; Einkaufen/Geschäfte; Beim Friseur; Krankheit.

Die aufgeführten Beispielsätze lassen sich leicht vielen weiteren Gesprächssituationen anpassen, da einzelne Wörter oder Satzelemente mit Hilfe der dem Sachbereich zugeordneten Wortlisten und mit Hilfe des Wörterbuchteils ausgetauscht werden können.

Außerdem bietet das PONS Reisewörterbuch eine Kurzgrammatik, die jedem Benutzer willkommen sein wird, der sich über den Aufbau der spanischen Sprache rasch orientieren möchte.

Das PONS Reisewörterbuch ist aufgelockert durch lustige Illustrationen und farbige landeskundliche Fotos. Anhand der zahlreichen authentischen Materialien wie Karten, Schilder und Formulare kann sich der Benutzer auf den Auslandsaufenthalt vorbereiten und einstimmen.

Das PONS Reisewörterbuch ist ein zuverlässiger und praktischer Sprachbegleiter, mit dessen Hilfe der Reisende sowohl das Reiseland als auch seine Bewohner näher kennenlernen kann.

Die blauen Punkte markieren Äußerungen oder Sätze, mit denen er im fremden Land konfrontiert werden könnte und die er verstehen sollte.

Aussprache

Das Spanische wird in der Regel so ausgesprochen, wie es geschrieben wird.

Besonderheiten
- Alle Vokale sind offen und halblang und müssen deutlich ausgesprochen werden.
- **a**, **e** und **o** bilden zusammen mit **i**, **y** oder **u** einen Diphthong: f**ue**go Feuer; h**oy** heute.

b, p	[b, p]	weicher als im Deutschen	bien; pie
b, v	[b]	beide werden identisch ausgesprochen; weich, zwischen den Lippen	buen vino nuevo
c	[k]	wie deutsches „k" (ohne Hauch): vor „a, o, u" und vor Konsonanten	creo; casa cura
	[θ]	stimmloser Lispellaut (ähnlich englisch „th"): vor „e, i"	cenicero gracias
ch	[tʃ]	stimmloses deutsches „dsch"	muchacho
d, t	[d, t]	viel weicher als im Deutschen	día; toro
g	[g]	wie deutsches „g": vor „a, o, u" und vor Konsonanten	guardia gorra
	[x]	wie deutsches „ch" bei „Bach": vor „e, i"	gitano gente
gue, gui	[g]	das „u" ist immer stumm; wie deutsches „g"	seguir guitarra
h		immer stumm	hora
j	[x]	immer wie deutsches „ch" bei „Bach"	jardín naranja
ll, y	[ʎ]	wie hartes deutsches „j" zwischen Vokalen	yo llevo guerrilla
ñ	[ɲ]	wie „gn" bei „Champagner"	niño

que, qui	[k]	das „u" ist immer stumm; wie deutsches „k"	porque quiero
rr	[rr]	stark gerolltes Zungen-r	perro
r	[rr] [rr] [r]	stark gerolltes Zungen-r: am Anfang und am Ende eines Wortes auch wie „rr" vor oder nach Konsonanten leichtes Zungen-r: zwischen zwei Vokalen eines Wortes	rosa dolor muerte madre caro pera
s	[s]	immer stimmlos, wie deutsches „ss"	casa; sala
z	[θ]	immer wie „c" vor „e, i": (englisches „th")	Zaragoza jerez

Betonung und Akzent
- Bei Wörtern, die auf *Vokal,* auf „*n*" oder auf „*s*" enden, wird die **vorletzte Silbe** betont: mesa, Carmen;
  Eine andere Betonung bedarf des graphischen Akzents: café, después.
- Bei Wörtern, die auf *Konsonant* (außer „n, s") enden, wird die **letzte Silbe** betont: cantar, doctor.
  Eine andere Betonung bedarf des graphischen Akzents: fácil, huésped.
- Auf der **drittletzten Silbe** betonte Wörter haben immer graphischen Akzent: música, médico, artístico.
- **Frage- und Ausrufewörter** haben immer Akzent:
  quién, cómo, qué bonito.
- **Einige einsilbige Wörter** haben — zur Unterscheidung von anderen mit der gleichen Schreibweise — immer Akzent:
  mí; tú; él; sí; sé; más.
- **í** bzw. **ú** bei Trennung des Doppellauts: día, púa, país.

Wörterbuch Deutsch-Spanisch

A

abbestellen *(Zimmer)* cancelar; *(Fahr-, Flugkarten)* anular
Abend la tarde; *(nach Einbruch der Dunkelheit)* la noche
Abendessen cena, *Am* comida
aber pero
abfahren (von) salir (de)
Abfahrt salida
Abfall basura
abholen ir a buscar; ~ **lassen** mandar a buscar
Abkürzung abreviatura; *(Weg)* atajo
abladen descargar
ablehnen rechazar, rehusar
abnehmen disminuir; *(dünner werden)* adelgazar
Abreise salida, partida
abreisen (nach) salir/partir para
Abschied nehmen despedirse
abschleppen remolcar
abschließen cerrar con llave
Abschnitt el talón, *(Am)* el boletín
Absicht la intención
absichtlich intencionadamente, a propósito
Abstand distancia

abwärts hacia abajo
abwesend ausente
achtgeben (auf) tener cuidado de
Achtung la atención, cuidado
Adresse las señas, la dirección
adressieren poner las señas
Agentur agencia
ähnlich semejante, parecido
Ahnung idea; **keine** ~ ! ¡ni idea!

alle todos; ~ **Tage** todos los días; ~ **zwei Stunden** cada dos horas; **auf** ~ **Fälle** de todas formas
allein solo
alles todo
allgemein general; **im** ~**en** en general

als *(zeitlich)* cuando; *(bei Vergleich)* que; **besser** ~ mejor que; ~ **ob** como si; **nichts** ~ nada más que
alt viejo; *(aus früheren Zeiten)* antiguo
Alter la edad
Amt *(Dienststelle)* oficina, despacho
amtlich oficial
amüsieren, s. ~ divertirse
an a, en; **am Amazonas** junto al Amazonas; **am Sonntag** el domingo; **am Abend** por la tarde
anbieten ofrecer
Andenken recuerdo
andere, der ~ el otro; **ein andermal** otra vez; **ein** ~**r** otro
ändern cambiar, variar
anders *(adj)* distinto, diferente; *(adv)* de otra manera/forma
anderswo en otra parte
anderthalb uno y medio
Anfang principio, comienzo
anfangen empezar, comenzar
Angabe la indicación, dato; ~**n machen** dar indicaciones; **nähere** ~**n** indicaciones concretas
Angebot oferta
Angelegenheit asunto; **eine** ~ **erledigen** arreglar un asunto
angenehm agradable
Angestellte, der, die el empleado, la empleada
Angst miedo
anhalten parar
ankommen llegar
Ankunft llegada
Anlage la instalación; *(Brief)* anexo
Anlaß *(Grund)* motivo; *(Gelegenheit)* la ocasión
anmachen *(Licht)* encender
anmelden anunciar, avisar; **s.** ~ inscribirse
Annahme la aceptación; *(Vermutung)* la suposición

annehmen aceptar; *(vermuten)* suponer
Anruf llamada telefónica
anrufen llamar por teléfono
anschauen mirar
anscheinend aparentemente, por lo visto
Anschluß *(Zug)* el enlace; *(tele)* la comunicación
Anschrift la dirección, las señas
ansehen mirar
Ansicht vista, aspecto; *(Meinung)* la opinión
Ansichtskarte tarjeta postal
anstatt en vez de, en lugar de
anstrengend fatigoso
Anstrengung esfuerzo
antik antiguo
Antiquitäten las antigüedades
Antwort respuesta, la contestación
antworten responder, contestar
Anwalt abogado
anwenden usar, emplear; *(Gesetz)* aplicar
anwesend presente
Anzahl número
Anzeige *(Inserat)* anuncio, *(Am)* aviso; *(Polizei)* denuncia
anziehen vestir; **s.** ~ vestirse
Anzug el traje
anzünden encender

Apfel manzána
Apparat aparato; *(Radio)* la radio; *(Foto)* máquina de fotografías, cámara
Arbeit trabajo; *(Anstellung)* empleo
arbeiten trabajar
ärgern, s. ~ **(über)** enfadarse (por)
Arm brazo
arm pobre
Armband pulsera; ~**uhr** el reloj de pulsera
Art modo, manera
Artikel artículo
auch también; ~ **nicht** tampoco
auf sobre, en, por; ~ **der Straße** en la calle; ~ **spanisch** en español; ~ **der Reise** durante el viaje; ~ **die/der Post** a/en Correos; ~ **einmal** de repente; *(offen)* abierto
aufbewahren conservar

Aufenthalt estancia, *(Am)* estadía; *(Zug)* parada
auffordern invitar
Aufführung la función, la representación
aufgeben *(Gepäck)* facturar; *(Post)* enviar
aufhalten, s. ~ detenerse
aufhängen colgar
aufhören acabar, terminar
aufladen cargar
aufmachen abrir
aufmerksam atento
Aufnahme *(Empfang)* la recepción; *(Foto)* la fotografía
aufnehmen *(Foto)* fotografiar, hacer/sacar una foto
aufpassen (auf) tener cuidado (de/con)
aufpumpen hinchar, inflar
aufschieben aplazar
Aufschub apalazamiento, prórroga
Aufseher *(Wächter)* el guarda, el vigilante
aufstehen levantarse
aufwachen despertarse
aufwecken despertar
Aufzeichnung el apunte, nota
Aufzug *(Lasten)* el montacargas; *(Fahrstuhl)* el ascensor
Auge ojo
Augenblick momento
aus *(Herkunft)* de; ~ **Córdoba** de Córdoba; *(Material)* de; **ein Kleid** ~ **Seide** un vestido de seda; *(Grund)* por; ~ **diesem Grund** por esta razón
Ausdruck la expresión
ausdrücklich expresamente
Ausflug la excursión
Ausfuhr la exportación
ausführen *(Arbeit)* realizar, acabar
ausfüllen, ein Formular ~ rellenar un impreso
Ausgaben gastos
Ausgang salida
ausgeben gastar
ausgehen salir
ausgeschlossen imposible
ausgezeichnet excelente, extraordinario
Auskunft la información; ~ **einholen** pedir informaciones; ~**sstelle** oficina de información

Ausland extranjero; **im/ins** ~ en el/al extranjero
Ausländer extranjero
ausländisch extranjero
auslöschen apagar
Ausnahme la excepción
auspacken *(Koffer)* deshacer
Ausreise salida, partida
ausruhen, s. ~ descansar
aussehen parecer, tener aspecto de
außen fuera; **von** ~ por fuera
außer excepto; ~ **dem** además
außergewöhnlich extraodinario
äußerlich exterior
Aussicht vista
Aussprache la pronunciación
aussprechen pronunciar
aussteigen bajar
Ausstellung la exposición
aussuchen escoger, elegir
Austausch cambio
austauschen cambiar
ausüben *(Beruf)* ejercer
Ausverkauf la liquidación, saldo
Auswahl la selección; *(von Waren)* surtido
Ausweis *(Personal~)* tarjeta/el carnet de identidad
ausziehen quitar la ropa; **s.** ~ desnudarse

Auto el coche, el automóvil, *(Am)* carro; ~ **fahren** conducir, *(Am)* manejar
Automat *(Waren)* el distribuidor automático
automatisch automático

B

Bad baño
baden *(Wanne)* bañarse; *(schwimmen)* nadar, bañarse
bald pronto; **so ~ wie möglich** lo más pronto posible
Ball pelota; *(Fest)* el baile
Band, das ~ cinta; **der** ~ tomo
Bank banco
bar zahlen pagar al contado
Bargeld dinero efectivo/en metálico
Baske, Baskin vasco, vasca
Baskenland las Vascongadas
Baskisch *(Sprache)* vasco, vascuence
bauen construir
Bauer campesino, el agricultor
Bauernhof finca, granja, *(Am)* estancia, hacienda
Baum el árbol
Baumwolle el algodón
beabsichtigen intentar
beantworten contestar
Bedauern sentimiento
bedauern sentir
bedecken cubrir
bedeckt *(Wetter)* cubierto, nublado
bedeuten significar
bedeutend importante
Bedeutung *(Sinn)* significado; *(Wichtigkeit)* importancia
bedienen servir
Bedienung servicio
Bedingung la condición
Bedürfnis la necesidad
beeilen, s. ~ darse prisa, *(Am)* apurarse
beenden terminar
befinden, s. ~ encontrarse
befolgen seguir
befördern transportar; *(im Rang)* ascender
befreundet sein (mit) ser amigo (de)
befriedigt satisfecho, contento
befürchten temer
begegnen encontrar
begeistert (von) entusiasmado (con)
Beginn comienzo
beginnen comenzar
begleiten acompañar
begrüßen saludar
behalten guardar, conservar
Behälter el recipiente, depósito

behandeln tratar
Behandlung tratamiento
behaupten afirmar
behilflich, jdm ~ sein ayudar a alg
Behörde la autoridad pública
bei *(nahe)* junto a, cerca de; **~ Tag/Nacht** de día/noche; **~ Tisch** a la mesa; **~ diesem Wetter** con este tiempo; **~m Essen** durante la comida
beide ambos, los dos
Beifall aplauso
Beileid el pésame
beinahe casi
beisammen juntos
Beispiel ejemplo; **zum ~** por ejemplo
bekannt conocido, famoso; **~ sein** ser conocido; **~ machen** presentar
Bekannte, der, die el conocido, la conocida
beklagen, s. ~ (über) quejarse (de)
bekommen recibir
belästigen molestar, fastidiar
belegen, einen Platz ~ ocupar un sitio
beleidigen ofender
Beleidigung ofensa
beleuchtet alumbrado; *(festlich)* iluminado
Belgien Bélgica
Belgier/in el /la belga
Belieben, nach ~ a discreción, a voluntad
belohnen recompensar, gratificar
Belohnung recompensa, la gratificación
bemerken notar, observar; *(sagen)* observar, decir
bemühen, s. ~ tomarse la molestia de
benachrichtigen avisar, informar
Benehmen comportamiento, conducta
benötigen necesitar
benutzen usar, emplear; *(Verkehrsmittel)* tomar
Benzin gasolina, *(Arg)* nafta

beobachten observar, examinar
bequem cómodo
Bequemlichkeit la comodidad
berechnen calcular, contar

berechtigt zu autorizado para, con derecho a
bereit preparado, listo
Berg montaña; **~ auf** cuesta arriba; **~ ab** cuesta abajo
Bericht el informe
Beruf la profesión
beruhigen, s. ~ calmarse, tranquilizarse
berühmt famoso, célebre
berühren tocar
Berührung contacto
beschädigen estropear, deteriorar
Beschädigung daño
beschaffen procurar, proporcionar
beschäftigt ocupado, empleado
bescheinigen certificar
Bescheinigung certificado
beschleunigen acelerar
beschließen resolver, decidirse
beschreiben describir
beschützen proteger
Beschwerde queja, la reclamación
beschweren, s. ~ (über) quejarse (de)
besetzt *(Platz)* ocupado; *(voll)* completo
Besitz la posesión; *(Eigentum)* la propiedad
besitzen poseer
Besitzer propietario
besonder(s) especial(mente)
besorgen procurar, proporcionar
besorgt preocupado
Besorgung compra
bestätigen confirmar
bestehen auf insistir en; **~ aus** constar de
bestellen pedir, encargar; *(Hotel, Platz)* reservar; *(kommen lassen)* mandar llamar
Bestellung pedido, encargo
bestimmt *(adj)* determinado, cierto; *(adv)* seguro
Besuch visita
besuchen, jdn ~ visitar/ir a ver a alg
beten rezar
betrachten mirar; *(ansehen als)* considerar como
beträchtlich considerable
Betrag el importe, suma
betreffend respectivo

betreten entrar en
betrinken, s. ~ emborracharse
Betrug *(Gaunerei)* engaño; *(Handel)* el fraude
betrügen engañar
betrunken borracho, *(Am)* apimpado; *(leicht)* alegre, bebido, *(Am)* alegrón
Bett cama; **zu ~ gehen** acostarse, ir a la cama
beunruhigen, s. ~ intranquilizarse
beurteilen juzgar
Beutel bolsa
bevor antes de
bewegen mover
bewegt *(Gefühl)* conmovido; *(Meer)* agitado
Bewegung movimiento
Beweis prueba
beweisen probar, demostrar
Bewohner el habitante
bewölkt nublado
bewundern admirar
bewußt consciente
bezahlen pagar
bezaubernd encantador
beziehen, s. ~ auf referirse a
biegen torcer, doblar
Bier cerveza
Bild *(Foto)* la foto(grafía); *(Abbildung)* la ilustración; *(Gemälde)* cuadro, pintura
bilden formar
billig barato
binden atar
Bindfaden cuerda, el bramante, *(Am)* piola, el piolín
Birne pera; *(el)* la bombilla
bis hasta; **~ jetzt** hasta ahora
bißchen, ein ~ un poco
Bitte el favor, ruego
bitte por favor; *(nach Dank)* de nada, no hay de qué; **wie ~?** cómo dice(s)?
bitten, jdn um etw ~ pedir algo a alg
bitter amargo
Blatt hoja
blau azul; **hell/dunkel ~** azul claro/oscuro
bleiben quedarse
bleich pálido
Bleistift el lápiz, lapicero
Blick mirada; *(Ausblick)* vista
blind ciego

Blitz relámpago; *(Foto)* el flash
blöd(e) tonto, estúpido
blond rubio
blühen florecer
Blume la flor
Boden suelo; *(Fuß~)* piso
Boot barca, el bote, lancha
Bord, an ~ gehen embarcarse, subir a bordo
böse malo; *(verärgert)* enfadado
Botschaft *(dipl. Vertretung)* embajada
Brand incendio, fuego
Braten asado
braten asar; *(in der Pfanne)* freír
brauchen necesitar
braun marrón; *(Haar)* castaño; *(gebräunt)* moreno, tostado
brechen romper
breit ancho
brennen arder
Brief carta
Briefkasten el buzón
Briefpapier el papel de escribir
Brieftasche cartera
Briefträger cartero
Briefumschlag el sobre
Briefwechsel correspondencia
Brille las gafas, *(Am)* los lentes
bringen *(her~)* traer; *(weg~)* llevar
Brot el pan
Brötchen panecillo; **belegtes ~** bocadillo
Brücke el puente
Bruder hermano
Brunnen pozo; *(Spring~)* la fuente
Buch libro
buchen *(Platz)* reservar
Büchse caja; *(Konserve)* el bote/caja de conservas; **~nöffner** el abrelatas
buchstabieren deletrear
Bucht bahía, golfo
Bügeleisen plancha
bügeln planchar
bunt de colores, multicolor; *(abwechslungsreich)* variado
Burg castillo
Büro oficina
Bürste cepillo
bürsten cepillar
Bus el autobús; **~haltestelle** parada de autobuses
Butter mantequilla; *(Am)* manteca

C

Café el café
Camping el cámping
Chauffeur el conductor, el chófer

Chef el jefe
Cousin/e
  el primo/la prima

D

da *(Ort)* allí, allá; *(Grund)* como, ya que, porque; *(Zeit)* cuando
Dach tejado, techo
dafür, ~ **sein** estar conforme/en favor de
dagegen, ~ **sein** estar en contra de, no estar conforme con
daheim en casa
daher *(Grund)* por eso/ello/esto
damals entonces
Dame señora, dama
Dämmerung *(Morgen~)* el amanecer; *(Abend~)* el atardecer, el anochecer
Dampfer el vapor, el buque
danach después, luego
dankbar agradecido
danken dar las gracias, agradecer
dann *(anschließend)* entonces; *(nachher)* después; *(in dem Falle)* entonces, en ese caso
dasein *(anwesend)* estar presente
daß que
dasselbe lo mismo
Datum fecha
Dauer la duración
dauern durar; *(lange ~)* tardar
Deck cubierta, el puente
Decke *(Bett~)* manta; *(Zimmer~)* techo
Defekt defecto
dein tu
demnächst pronto, dentro de poco
denken an pensar en

Denkmal monumento
denn porque, pues
derselbe el mismo
deshalb por esto/eso/ello
deutlich claro
deutsch alemán
Deutsche, der, die el alemán, la alemana
Deutschland Alemania
Devisen las divisas
dich te, a ti
dicht *(Nebel)* denso; ~ **dabei** muy cerca
dick gordo; *(geschwollen)* hinchado
Dieb el ladrón; ~ **stahl** robo
dienen servir
Dienst servicio; *(Gefälligkeit)* favor
dieser, diese, dieses *(hier)* este, esta; *(in der Nähe)* ese, esa; *(weit entfernt)* aquel, aquella
Ding cosa
dir te, a ti; *(mit ~)* contigo
direkt *(adj)* directo, inmediato; *(adv)* directamente; *(sofort)* inmediatamente
Direktion la dirección
Direktor el director
doch *(Bejahung)* sí, *(Am)* ¡cómo no!; *(aber)* pero, sin embargo
Doktor el doctor, médico
Dokument documento
Dolmetscher el intérprete
Dom la catedral

doppelt doble
Dorf aldea, pueblo
dort allí, allá, ahí; ~ **hin** hacia allí/allá; ~ **oben/unten** allí arriba/abajo
Dose caja, lata; ~ **nöffner** el abrelatas
Draht el alambre
draußen fuera, afuera
drehen volver
drin, drinnen dentro
dringend urgente
dritte, der, die, das el tercero, la tercera, lo tercero
Drittel, ein ~ un tercio
drüben al otro lado
drücken *(stoßen)* empujar; *(Knopf)* apretar
du tú
dumm tonto, estúpido, bobo, *(Am)* zonzo

Düne duna
dunkel oscuro
dünn delgado

durch por; *(Mittel)* por, mediante; *(Passiv)* por; *(quer* ~*)* a través de
durchaus nicht de ningún modo
Durchfahrt paso
Durchgang paso, pasaje
Durchreise, auf der ~ de paso; ~**visum** visado de tránsito
durchschnittlich *(adj)* medio, mediano; *(adv)* por término medio
dürfen poder

Durst la sed
durstig sein tener sed
Dusche ducha
Dutzend, ein ~ una docena

E

Ebbe marea baja
eben *(flach)* llano; *(zeitlich)* hace un momento, ahora mismo
Ebene llanura
echt verdadero, auténtico
Ecke esquina, el rincón
Ehe matrimonio; ~**frau** esposa, la mujer; ~**mann** esposo, marido; ~**paar** matrimonio, pareja
eher *(lieber)* mejor, más bien
Ehering alianza
Ehre el honor

Ei huevo
eigen propio; *(eigenartig)* particular, peculiar; *(seltsam)* raro
Eigenschaft la cualidad
Eigentümer propietario
Eile prisa, *(Am)* apuro
eilig de prisa; **es** ~ **haben** tener prisa

einander uno(s) a otro(s), mutuamente
einbegriffen incluido
einbehalten retener

einbiegen torcer, doblar; ~ **nach rechts/links** torcer a la derecha/izquierda
Eindruck la impresión
eines uno
einfach fácil, sencillo
Einfahrt entrada
Einfuhr la importación
Eingang entrada
einig sein estar de acuerdo/conforme(s)
einige algunos, unos

einkaufen comprar, ir de compras
einladen invitar
Einladung la invitación
einmal una vez
einmünden *(Straße)* desembocar
einpacken empaquetar

einschiffen, s. ~ embarcarse
einschlafen dormirse
einschließen incluir
einsteigen subir
eintreffen llegar
eintreten entrar

Eintritt entrada; **~ verboten!** ¡Prohibida la entrada!, ¡Se prohibe el paso!; **~skarte** entrada, *(Am)* boleto
einverstanden! ¡de acuerdo!, ¡conforme!
Einverständnis acuerdo
einwerfen *(Briefe)* echar
einwickeln envolver
einwilligen consentir, aprobar
Einwohner el habitante
Einzelheit el detalle
einzig único
Eis hielo; *(Speise~)* helado
Eisen hierro
Eltern los padres
Empfang la recepción
empfangen recibir
Empfänger *(Post)* destinatario
Empfangsbestätigung el acuse de recibo
empfehlen recomendar
Empfehlung la recomendación
Ende el fin, el final; **am ~** al final
enden terminar, acabar
endgültig *(adj)* definitivo; *(adv)* definitivamente
endlich finalmente, por fin
Endstation la estación final
eng estrecho
England Inglaterra
Engländer/in el inglés/la inglesa
englisch inglés
Enkel/in el nieto/la nieta
entdecken descubrir
entfernt distante, alejado
Entfernung distancia
entgegengesetzt opuesto, contrario
enthalten contener
entscheiden decidir
entschließen, s. ~ decidirse
entschlossen sein estar/ser decidido
Entschluß la decisión, la resolución
entschuldigen excusar, disculpar; **s. ~** disculparse, pedir perdón; **~ ~ Sie bitte!** ¡perdone!
Entschuldigung excusa, el perdón; **Ich bitte um ~!** ¡Perdón!
enttäuscht desilusionado

entweder . . . oder o . . . o
entwickeln desarrollar; *(Foto)* revelar

Entwicklung desarrollo; *(Foto)* revelado
entzückend encantador
entzückt encantado
er él
Erde tierra
Erdgeschoß piso bajo, *(Am)* los bajos
ereignen, s. ~ pasar, suceder, ocurrir
Ereignis suceso, acontecimiento
erfahren oír, saber, enterarse de; *(adj)* experto
Erfahrung experiencia
erfinden inventar
Erfolg éxito
erfreut (über) contento (de), satisfecho (de)
Erfrischung refresco
Ergebnis resultado
ergreifen tomar, coger, *(Am)* agarrar
erhalten recibir; *(durch Bemühung)* conseguir, obtener
erhältlich obtenible, en venta
erhöhen *(Preise)* aumentar
erholen, s. ~ reponerse, descansar
erinnern, jdn an etw ~ recordar algo a alg; **s. ~** acordarse de, recordar
Erkältung resfriado, *(Am)* resfrío
erkennen reconocer
erklären declarar; *(deutlich machen)* explicar, aclarar
erkundigen, s. ~ informarse
Erkundigung la información, el informe
erlangen obtener
erlauben permitir
Erlaubnis permiso
erledigen arreglar, terminar
Ermäßigung rebaja, descuento
ermöglichen hacer posible, facilitar
ermüden cansar
erneuern renovar
ernst serio; grave
erreichen conseguir, lograr, alcanzar
Ersatz *(Schaden~)* la indemnización
erscheinen aparecer
erschöpft agotado
erschrecken asustar; *(erschrocken sein)* estar asustado

ersetzen sustituir; *(Schaden)* reparar, indemnizar
erst *(zuerst)* primero, en primer lugar; *(nicht früher als)* sólo
erste, der, die, das el primero, la primera, lo primero
erstklassig de primera clase/categoría
ertragen soportar
erwarten esperar
erwidern replicar, contestar
erzählen contar
erzeugen producir
Erzeugnis producto
Erziehung la educación

es gibt hay
eßbar comestible
essen comer
Essen comida
etwa aproximadamente, unos/unas
etwas algo; *(ein wenig)* un poco
euch os
euer vuestro
Europa Europa
Europäer/in el europeo/la europea
europäisch europeo
eventuell eventual(mente)
extra aparte, especialmente

F

Fabrik fábrica
Faden hilo
fähig capaz
Fähre el transbordador, *(Am)* el ferry-boat
fahren ir; *(lenken)* conducir, *(Am)* manejar
Fahrer el conductor
Fahrgast viajero, pasajero
Fahrkarte el billete, *(Am)* boleto
Fahrrad bicicleta
Fahrstuhl el ascensor
Fahrt el viaje
Fall *(Vorfall)* suceso, caso
fallen caer
falls en caso de que
falsch falso, incorrecto; *(betrügerisch)* falso
Familie familia; ~**nname** apellido
fangen coger, *(Am)* agarrar
Farbe el color
farbig en/de colores, de color
fast casi
faul perezoso, holgazán; *(Obst)* podrido
Feder pluma; *(elastisch)* el muelle
fehlen faltar
Fehler *(den man macht)* falta; *(den man hat)* defecto
feierlich festivo
Feiertag el día de fiesta
feilschen regatear

fein *(dünn)* fino, delgado; *(zart)* delicado; *(vornehm)* distinguido, elegante
Fenster ventana
Ferien las vacaciones; **in** ~ de vacaciones
Fernsehen la televisión
fertig listo
fest firme, fijo; *(hart)* duro; *(dauernd)* resistente
festsetzen fijar, establecer
fett gordo
feucht húmedo
Feuer fuego
feuergefährlich inflamable
Feuerlöscher el extintor
Feuermelder el avisador de incendios
Feuerzeug mechero, el encendedor
Fieber la fiebre
Filiale la sucursal
Film película, el film(e)
finden encontrar
Finger dedo
finster oscuro
Firma empresa
Fisch el pez; *(als Speise)* el pescado
fischen pescar
Fischer el pescador
Fischhändler pescadero

flach bajo, llano
Flamme llama
Flasche botella
Fleck(en) mancha; ~**mittel** el quitamanchas
Fleisch la carne
fleißig trabajador, diligente, aplicado
flicken remendar, repasar
Fliege mosca
fliegen volar, ir en avión
fließen correr
Fluß río
flüssig líquido
Flut *(Gegensatz zu Ebbe)* marea alta
folgen seguir
fordern pedir, exigir
Forderung exigencia
Form forma
Formular impreso, formulario
fort fuera, ausente
Fortschritt progreso
fortsetzen continuar
forttragen llevarse, trasladar
Fotoapparat máquina de fotografías, cámara
fotografieren hacer/sacar fotos, fotografiar
Freund/in el amigo/la amiga
Fracht el flete, carga
Frage pregunta; *(Problem)* la cuestión, el problema
fragen preguntar
frankieren franquear
Frankreich Francia
Franzose el francés
Französin la francesa
französisch francés
Frau señora; *(Ehe~)* esposa, la mujer; *(vor Vornamen)* doña
Fräulein señorita
frei libre; *(von Abgaben)* exento; *(gratis)* gratuito, gratis; **im Freien** al aire libre

fremd forastero; *(ausländisch)* extranjero; *(unbekannt)* desconocido
Fremde, der, die el forastero, la forastera; *(Ausländer)* extranjero; ~**nführer** el guía
Freude alegría
Freund/in el amigo/la amiga
freuen, s. ~ (über) alegrarse (de); **s. ~ auf** alegrarse de/pensando en
frieren tener/pasar frío
freundlich amable
Freundlichkeit la amabilidad
Freundschaft la amistad
Friede la paz
Friedhof cementerio
frisch fresco; *(neu)* nuevo, reciente; *(Wäsche)* limpio
froh *(zufrieden)* contento, satisfecho; *(glücklich)* feliz; *(lustig)* alegre, de buen humor
früh temprano
früher *(eher)* antes
Frühling primavera
Frühstück desayuno
fühlen sentir
führen conducir, guiar
Führer *(für Fremde)* el guía; *(Buch)* la guía
füllen llenar
Fundbüro oficina de objetos perdidos
Funke chispa
funktionieren funcionar
für para, por
Furcht temor, miedo
fürchten temer; **s. ~ vor** tener miedo de
fürchterlich horrible, terrible, espantoso
Fuß el pie; **zu ~** a pie
Fußball el fútbol; ~**mannschaft** equipo de fútbol
Fußgänger el peatón

G

Gabel el tenedor
Galerie galería
Galicien Galicia
Galicier, ~ **in** gallego, gallega
Galicisch *(Sprache)* gallego
Gang *(Auto)* marcha; *(Durchgang)* el pasaje; *(Essen)* plato; *(Flur)* pasillo
ganz todo el, toda la; *(pl)* todos los, todas las; *(vollständig)* completo, entero; *(adv)* completamente, del todo
Ganze, das ~ el total, conjunto
gar *(gekocht)* bien cocido; ~ **nicht** de ningún modo
Garage el garaje
Garantie garantía
Garten el jardín
Gasse calleja
Gast el huésped
Gastfreundschaft la hospitalidad
Gasthaus/Gasthof fonda, posada
Gastwirt dueño
Gebäude edificio
geben dar
Gebet la oración
Gebirge sierra, montaña
geboren nacido
Gebrauch uso
gebrauchen usar
gebräuchlich usual; *(Ausdruck)* corriente, habitual
Gebühren los derechos
Geburt nacimiento
~ **sdatum** fecha de nacimiento;
~ **sort** lugar de nacimiento;
~ **stag** el cumpleaños
gebürtig aus natural de
Gedanke pensamiento, idea
Geduld paciencia
geduldig paciente
geeignet zu adecuado/apropiado para
Gefahr peligro
gefährlich peligroso

Gefallen el placer, gusto
gefallen gustar, agradar
Gefälligkeit el favor
Gefäß vasija, el recipiente
Gefühl sentimiento
gegen contra; *(in Richtung auf, zeitlich)* hacia
Gegend la región, zona
Gegenstand objeto; *(Gesprächs-*~*)* asunto, tema
Gegenteil contrario; **im** ~ al contrario
gegenüber enfrente de, frente a
Gegenwert el equivalente
geheim secreto
gehen ir; *(zu Fuß)* ir a pie, andar; **geradeaus** ~ ir todo seguido; **vorwärts** ~ seguir adelante, avanzar; **zurück** ~ volver, *(Am)* voltear
gehören pertenecer a, ser de
Geistlicher el sacerdote, el pastor
geistreich ingenioso
Gelände terreno
gelb amarillo
Geld dinero; ~ **beutel** monedero;
~ **strafe** multa; ~ **stück** moneda;
~ **wechsel** cambio
Gelegenheit la ocasión; *(günstige* ~*)* la oportunidad
gelegentlich *(adv)* en ocasiones, a veces
gelten ser válido
gemein malo, malintencionado; *(ordinär)* vulgar, ordinario
gemeinsam *(adj)* común; *(adv)* en común, juntos
Gemüse las verduras; *(Hülsenfrüchte)* las legumbres
genau exacto, preciso; ~ **so ... wie** lo mismo ... que
Genauigkeit la exactitud, la precisión
genehmigen permitir
genießen gozar de, disfrutar de
genug bastante, suficiente
Genuß gozo, el placer

geöffnet abierto
Gepäck el equipaje; **~aufbewahrung** consigna; **~schein** el talón, *(Am)* el boletín; **~träger** mozo, *(Am)* el changador
gerade derecho; *(zeitlich)* en este momento, *(Am)* recién
Geräusch ruido
gerecht justo
Gericht *(Essen)* plato; *(Justiz)* el tribunal
gering escaso; **~er** menor, inferior
gern con gusto, de buena gana; **nicht ~** de mala gana
Geruch el olor
Gesang canto, la canción
Geschäft *(Laden)* tienda; *(Firma, Handel)* negocio
Geschäftsführer el gerente
geschehen suceder, pasar, ocurrir; **was ist ~?** ¿qué ha pasado?
Geschenk regalo
Geschichte historia; *(Erzählung)* cuento
geschickt hábil
geschlossen cerrado
Geschmack gusto, el sabor
Geschwindigkeit la velocidad
Gesicht cara
Gespräch la conversación
gestern ayer; **vor~** anteayer, antes de ayer
gesund sano
Gesundheit la salud
Getränk bebida
gewähren conceder
gewaltig enorme, inmenso
Gewebe tejido
Gewicht peso
Gewinn ganancia; premio
gewinnen ganar
gewiß *(adj)* cierto, seguro; *(adv)* ciertamente
gewissenhaft concienzudo
Gewitter tormenta
gewöhnen, s. ~ an acostumbrarse a
Gewohnheit la costumbre
gewöhnlich general, usual; *(ordinär)* vulgar, ordinario; **wie ~** como de costumbre, como siempre
gewöhnt sein estar acostumbrado

gibt, es ~ hay
Gift veneno
giftig venenoso
Gipfel la cumbre, cima
Gitter reja
glänzen brillar
glänzend brillante
Glas *(Scheibe)* el cristal, vidrio; *(Trink~)* vaso, copa
Glaube la fe
glauben creer
gleich igual; *(sofort)* inmediatamente, en seguida, *(Am)* ahorita
gleichen parecerse a
gleichwertig equivalente
gleichzeitig al mismo tiempo
Gleis vía
Glocke campana
Glück la felicidad; *(Erfolg)* éxito; **viel ~!** ¡mucha suerte!
glücklich feliz, dichoso
Glückwünsche la felicitación, enhorabuena
Glühbirne bombilla, *(Am)* ampolleta
Gold oro
Golfplatz campo de golf
Gott Dios; **~ sei Dank!** ¡gracias a Dios!
gratis gratis, gratuitamente
gratulieren felicitar
grau gris
Grenze frontera, el límite
Griff *(Hand~)* agarradero, asidero
groß grande; *(Statur)* alto; *(bedeutend)* importante, considerable
großartig excelente, maravilloso
Größe *(Umfang)* tamaño; *(Länge)* la longitud; *(Höhe)* altura; *(Kleider~)* talla; *(Schuh~, Hemd~, Hut~)* número
Großmutter abuela
Großvater abuelo
grün verde
Grund la razón, causa; *(Beweg~)* motivo
Gruppe grupo
grüßen saludar
gültig válido
Gültigkeit la validez, *(Am)* vigencia
günstig favorable
gut *(adj)* bueno, buen; *(adv)* bien
Gutschein el vale

H

Haar(e) pelo
haben *(besitzen)* tener; *(Hilfsverb)* haber
Hafen puerto
Hahn gallo; *(Wasser~)* grifo
Haken gancho; *(Kleider~)* percha
halb medio
Hälfte la mitad
Hals cuello; *(Kehle)* garganta
halt! ¡alto!
haltbar sólido, duradero
halten cumplir, observar; *(stehenbleiben)* detener(se), parar(se); *(dauern)* durar; *(fest~)* sujetar
Haltestelle parada
Hammer martillo
Hand la mano
handeln actuar, obrar; *(feilschen)* regatear
handgemacht hecho a mano
Handgepäck el equipaje de mano
Handschuh el guante; **ein Paar ~e** un par de guantes
Handtasche bolso
Handtuch toalla
Hang *(Ab~)* la pendiente, cuesta
hängen *(auf~)* colgar en/de
hart duro
Härte dureza
häßlich feo
häufig *(adv)* frecuentemente, a menudo
Hauptbahnhof la estación central
hauptsächlich *(adj)* principal; *(adv)* principalmente
Hauptstadt la capital
Hauptstraße la calle principal
Haus casa
Haut la piel
heben levantar
Heft cuaderno
heilig santo, sagrado
Heimat patria
Heimreise regreso
Heirat boda, matrimonio

heiraten casarse
heiß muy caliente
heizen calentar
Heizöl el aceite combustible
Heizung la calefacción
helfen, jdm ~ ayudar a alg
hell claro
Hemd camisa
herabsetzen *(Preise)* rebajar, reducir
heraufsetzen *(Preise)* subir
herausgeben *(Geld)* dar la vuelta
herb *(Wein)* seco
Herbst otoño
herein! ¡adelante!, ¡pase!
Herr el señor; *(vor Vornamen)* don
herrlich magnífico
Herz el corazón
herzlich cordial
Herzlichkeit la cordialidad
heute hoy; **~ abend** esta tarde; **~ nacht** esta noche
hier aquí; **~her** acá, para acá
Hilfe ayuda; **Erste ~** los primeros auxilios
Himmel cielo
hinaufsteigen subir
hinausgehen salir
hindern impedir
hineingehen entrar
hinlegen poner; **s. ~** echarse, acostarse
hinsetzen, s. ~ sentarse
hinten detrás
hinterlegen depositar
hinuntergehen bajar
hinzufügen añadir
Hitze el calor
hoch alto
höchstens al máximo, a lo más
Hochzeit *(Feier)* boda
Hof patio
hoffen esperar
höflich cortés
Höflichkeit cortesía

Höhe altura; ~**punkt** punto culminante
Holz madera; *(Brenn~)* leña
Honorar los honorarios
hören oír; **zu** ~ escuchar
Hörer *(tele)* el auricular
Hose el pantalón
Hotel el hotel
hübsch guapo, bonito, lindo

Hügel colina
Hund perro
hundert ciento, cien; ~**mal** cien veces
Hunger el hambre *f*
hungrig hambriento
Hut sombrero
hüten, s. ~ **(vor)** guardarse (de)
Hütte cabaña, *(Am)* bohío

I

ich yo
Idee idea
ihr *(pers prn)* vosotros, vosotras
ihr *(poss prn, f)* su
Imbiß bocado; merienda
Imbißstube cafetería, el bar
immer siempre
imstande sein ser capaz de
in en
inbegriffen incluido
Inhalt contenido
innen dentro
Inner, das ~**e** el interior
innerhalb *(zeitlich)* dentro de, en
Insel isla
Inserat anuncio, *(Am)* aviso

Institut instituto
interessant interesante
Interesse el interés
interessieren, s. ~ **(für)** interesarse (por)
inzwischen entretanto
irgendetwas algo, alguna cosa
irgendwie de alguna manera
irgendwo en algún sitio; ~**hin** a algún sitio
irren, s. ~ equivocarse
Irrtum el error

Italien Italia
Italiener/in el italiano/la italiana
italienisch italiano

J

ja sí
Jahr año
Jahreszeit la estación
Jahrhundert siglo
jährlich anual(mente)
jeder cada, todos; ~ **einzelne** cada, cada uno; ~ **beliebige** cualquiera, cualquier; ~**mann** todo el mundo
jedesmal cada vez, siempre
jedoch sin embargo, no obstante
jemals jamás

jemand alguien
jener, jene, jenes aquel/ese, aquella/esa, aquello/eso
jenseits al otro lado de
jetzt ahora
Journalist el periodista

Jugend la juventud
jung joven
Junge muchacho, chico
Junggeselle soltero
Juwelier joyero

K

Kabine cabina, el camarote
Kaffee el café
Kahn el bote, barca
kalt frío
Kapelle *(Gebäude)* capilla; *(Musik~)* banda, orquesta
Kapitän el capitán
kaputt estropeado, roto
Karte tarjeta; **Eintritts~** entrada, *(Am)* boleto; **Land~** el mapa; **Post~** tarjeta postal; **Speise~** carta, el menú, *(Am)* minuta
Käse queso
Kasse caja; *(Theater~)* taquilla
Katalane, Katalanin el catalán, la catalana
Katalanisch (el) catalán
Katalonien Cataluña
Kauf compra
kaufen comprar
Käufer el comprador; *(Kunde)* el cliente
Kaufhaus los (grandes) almacenes
kaum apenas
Kaution fianza, la caución
kein ninguno, ningún; **~er** nadie; **~esfalls** de ninguna manera
Kellner/in camarero, *(Am)* mozo/camarera
kennen conocer; **~lernen** conocer
Kenntnis conocimiento
Keramik cerámica
Kerze vela
Kette cadena; *(Hals~)* el collar
Kilogramm kilo(gramo)
Kilometer kilómetro
Kind niño
Kino el cine
Kirche iglesia
Kirchturm campanario, la torre
Kissen el cojín; *(Kopf~)* almohada
Kiste caja
Klage queja
Klang sonido
klar claro

Klasse la clase
Kleid vestido
Kleiderbügel percha
Kleiderbürste cepillo de ropa
Kleidung ropa, los vestidos
klein pequeño; *(Statur)* bajo
kleiner más pequeño; *(jünger)* menor
Kleingeld dinero suelto
Klingel el timbre
klingeln tocar el timbre
klopfen *(an die Tür)* llamar
Kloster *(Mönchs~)* monasterio; *(Nonnen~)* convento
klug inteligente, listo
Kneipe taberna
knipsen fotografiar
Knopf el botón
Knoten nudo
Koch cocinero
kochen hacer la comida; *(Wasser)* hervir, cocer; *(Kaffee, Tee)* hacer, preparar
Kocher hornillo eléctrico
Koffer maleta
Kohle el carbón
kommen venir, ir
Kompaß brújula
König/in el rey/la reina
können poder; *(gelernt haben)* saber
Konsulat consulado
konsultieren consultar
Kontakt contacto
Kontrolleur el revisor
Konzert concierto
Kopf cabeza; **~kissen** almohada; **~schmerzen** el dolor de cabeza
Korb cesta
Korkenzieher el sacacorchos
Körper cuerpo
korrekt correcto
Kosten los gastos, el coste
kosten costar, valer; *(probieren)* probar
kostenlos gratis, gratuito
kostspielig caro, costoso

Kraft fuerza
kräftig fuerte
krank enfermo; ~ **werden** ponerse enfermo
Krankenhaus el hospital, clínica
Krankenschwester enfermera
Krankheit la enfermedad
Kredit crédito
Kreuzung *(Straße)* el cruce
Krieg guerra
Küche cocina
kühl fresco
Kunde el cliente, *(Am)* el marchante

Kunst el arte
Künstler/in el /la artista
Kurort la estación balnearia/climática
Kurs curso; *(Wechsel~)* cambio
Kurve curva
kurz breve, corto; ~**fristig** a corto plazo

kürzlich hace poco, recientemente, *(Am)* recién
Kuß beso
küssen besar
Küste costa

L

lachen reír
Laden tienda
Lage la situación
Lampe lámpara
Land el país; *(Gegensatz zu Wasser)* tierra; ~**gut** finca rústica, *(Am)* finca rural; ~**haus** casa de campo
landen aterrizar
Landschaft el paisaje
Landsmann el compatriota, *(Am)* el connacional
Landstraße carretera
Landung el aterrizaje
lang largo
Länge la longitud
langsam *(adj)* lento; *(adv)* despacio, lentamente
langweilig aburrido
Lärm ruido
lassen dejar
lästig pesado, molesto
Lastwagen el camión
laufen correr
Laune el humor
laut alto
läuten tocar el timbre; sonar
Lautsprecher el altavoz, *(Am)* el altoparlante
Leben vida
leben vivir
lebend vivo
Lebensmittel los comestibles

lebhaft vivo, vivaz
Leder *(weich)* la piel; *(hart)* cuero
ledig soltero
leer vacío
legen poner
lehren enseñar
Lehrer/in el maestro, el profesor/ la maestra, la profesora
leicht fácil; *(Gewicht)* ligero, *(Am)* liviano; *(geringfügig)* leve
leider desgraciadamente
leihen *(jdm)* prestar; *(von jdm)* tomar prestado
leise bajo, en voz baja
Leiter, der ~ el director, el jefe; **die** ~ la escalera
Leitung *(el)* tendido; *(tele)* línea telefónica; *(Gas, Wasser)* tubería, cañería
lernen aprender
lesen leer
leuchtend luminoso, brillante
leugnen negar
Leute la gente

Licht la luz; ~ **anmachen/ausmachen** encender/apagar la luz
lieb bueno; **jdn** ~**haben** querer; ~**er Georg!** ¡querido Jorge!
Liebe el amor
lieben amar, querer
liebenswürdig amable
Liebenswürdigkeit la amabilidad

lieber *(adv)* más bien; **etw ~ haben** preferir algo
Liebling querido, cariño
Lied la canción
liefern entregar
liegen estar, encontrarse; estar echado; **~ lassen** dejar, olvidar
Liegestuhl hamaca, tumbona
Lift el ascensor
Linie línea
linke, r, s izquierdo, izquierda
links a la izquierda
Lippe labio
Liste lista
Liter litro
loben alabar
Loch agujero; *(Reifen)* pinchazo
Löffel cuchara
Loge *(Theater)* palco
Lokal *(Gaststätte)* el restaurante; *(Tanz~)* sala de baile
löschen apagar
lösen soltar

Luft el aire
lüften ventilar
Luftzug la corriente de aire
Lüge mentira
lustig alegre; *(erheiternd)* divertido, gracioso
luxuriös lujoso
Luxus lujo

M

machen hacer; *(herstellen)* fabricar; **~ lassen** mandar hacer
Mädchen muchacha, chica
mager flaco; *(Fleisch)* magro
Mahlzeit comida
Mal la vez; **ein ~** una vez; **zwei ~** dos veces; **jedes ~** cada vez, siempre
malen pintar
Maler el pintor
Malerei pintura
malerisch pintoresco
man se; uno
manchmal a veces, algunas veces
Mangel *(Fehlen)* falta; *(Fehler)* defecto
Mann hombre; *(Ehe~)* marido, esposo
männlich masculino
Mannschaft *(Sport)* equipo; *(Schiff, Flugzeug)* la tripulación
Mantel abrigo
Mappe *(Akten~)* cartera
Mark marco
Marke *(Brief~)* sello, *(Am)* estampilla; *(Handels~)* marca
Markt mercado
Marmelade mermelada
Maß medida
mäßig moderado, sobrio
Mauer la pared, muro

Meer el mar
mehr más; **~ als** más que; **~ oder weniger** más o menos
mein mi; **~erseits** por mi parte; **~ etwegen** por mí
meinen opinar
Meinung la opinión; **nach meiner ~** según/en mi opinión
melden anunciar; *(berichten)* informar, comunicar
Menge la cantidad; *(Menschen~)* la multitud, la muchedumbre; **eine ~** gran número de
Mensch el hombre, persona
menschlich humano
Menü el menú
merken observar, notar; **s. etw ~** tomar nota de algo
Messe *(rel)* misa; *(Ausstellung)* feria
messen medir
Messer cuchillo
Meter metro
mich me, a mí
Miete el alquiler
mieten alquilar
Milch la leche
mild suave
mindestens por lo/al menos
Minute minuto
mir me, a mí

Mißbrauch abuso
mißbrauchen abusar
mißtrauen desconfiar
Mißverständnis el error, la equivocación
mißverstehen entender/interpretar mal
mit con
mitbringen traer, llevar
Mitleid la compasión
Mittag el mediodía; ~**essen** comida, almuerzo; ~**s** a(l) mediodía
Mitte medio, centro
mitteilen comunicar
Mitteilung la comunicación
Mittel medio; *(Heil~)* remedio
Mittelmeer Mediterráneo
Mitternacht la medianoche; **um** ~ a medianoche
Möbel el mueble
möblieren amueblar
Mode moda
modern moderno
mögen *(gern haben)* gustar *(+ dat)*; *(wünschen)* querer, desear
möglich posible

Möglichkeit la posibilidad
Mole el muelle
Moment momento, el instante
Monat el mes
monatlich mensual; al mes
Mond luna
Morgen mañana
morgen mañana; ~ **früh/abend** mañana por la mañana/tarde; ~**s** por la(s) mañana(s)
Motor el motor; ~**boot** lancha, motora; ~**rad** motocicleta

Mücke mosquito
müde cansado
Mühe esfuerzo; **s.** ~ **geben** esforzarse
Mund boca
münden desembocar
Münze moneda
Museum museo
Musik música
müssen tener que, deber
Muster modelo; *(Probe)* muestra
Mutter la madre
Mütze boina, gorra

N

nach *(Richtung)* hacia, a; *(zeitlich)* después de; ~**her** después, luego
Nachbar vecino
nachlässig negligente, descuidado
Nachmittag la tarde; ~**s** por la(s) tarde(s)
nachprüfen revisar, comprobar
Nachricht noticia, aviso
nachsenden reexpedir, enviar
nächste próximo

Nacht la noche; **heute** ~ esta noche
Nachteil desventaja, el inconveniente
Nachtessen cena
Nachtlokal sala de fiestas, el cabaret
nachzahlen pagar un suplemento/más tarde

Nadel aguja; **Sicherheits**~ el imperdible; **Steck**~ el alfiler
Nagel clavo
Nähe los alrededores, la proximidad
nahe cercano; ~**bei** cerca de
nähern, s. ~ acercarse
nahrhaft nutritivo
Nahrung la nutrición; ~**smittel** los alimentos, los comestibles
Name el nombre
naß mojado, húmedo; *(durchnäßt)* empapado
Nation la nación
Natur naturaleza
natürlich *(adj)* natural; *(adv)* naturalmente, *(Am)* ¡cómo no!
Nebel niebla
neben junto a, al lado de
Neffe sobrino
nehmen tomar

nein no
Nelke el clavel
nennen nombrar, llamar
nett bonito, lindo; *(freundlich)* amable
Netz la red
neu nuevo; *(kürzlich)* reciente
neugierig curioso
Neuheit la novedad
Neuigkeit noticia, la novedad
Neujahr Añonuevo
neulich hace poco, el otro día
nicht no; ~ **einmal** ni siquiera; **noch** ~ todavía no; **gar** ~ de ningún modo; ~ **wahr?** ¿(no es) verdad?
Nichte sobrina
nichts nada; **sonst** ~ nada más
nie nunca
nieder, niedrig bajo
niemand nadie
nirgends en ninguna parte

noch todavía, aún; ~ **nicht** todavía no
Nonne monja
Norden el norte
nördlich del norte, septentrional; ~ **von** al norte de
Nordosten el nordeste
Nordwesten el noroeste
Notfall, im ~ en caso de necesidad
notieren apuntar, tomar nota de
nötig necesario
Notizblock el bloc de apuntes
notwendig necesario
Notwendigkeit la necesidad
Null cero
numerieren numerar
Nummer número
nun ahora
nur sólo, solamente
nützlich útil
nutzlos inútil

O

ob si
oben arriba; **dort** ~ allí arriba; **nach** ~ (hacia) arriba
obgleich aunque
Obst fruta
obwohl aunque
oder o
Ofen estufa
offen abierto
offenbar evidente(mente)
öffentlich público
offiziell oficial
öffnen abrir
oft frecuentemente, a menudo
ohne sin
Ohr oreja; oído; ~ **ringe** los pendientes

Öl el aceite
Omnibus el autobús
Onkel tío
Oper ópera

Orden *(rel)* la orden
ordentlich ordenado
Ordnung el orden
Ort el lugar; ~ **schaft** la población, pueblo

Osten el este
Ostern Pascua
Österreich Austria
Österreicher/in el austríaco/la austríaca
Ozean océano

Paar, ein ~ un par; *(Ehe~)* matrimonio, pareja
paar, ein ~ unos, algunos, un par
Päckchen paquetito
packen *(Koffer)* hacer
Paket el paquete
Papier el papel
Parfüm el perfume
Park el parque
parken aparcar
Parkplatz aparcamiento
Paß el pasaporte; *(Gebirge)* puerto, paso
Passagier pasajero
passen sentar bien; *(zusagen)* venir/ir bien
passieren pasar, suceder
Pelz la piel
Peripherie periferia
Person persona
Personal el personal
Personalien los datos personales
persönlich personal
Pfad senda
Pfand prenda
Pfarrer *(katholisch)* párroco, cura; *(evangelisch)* el pastor
Pfeife pipa
Pferd caballo
Pfingsten Pentecostés
Pflanze planta
Pflicht la obligación, el deber
pflücken coger, *(Am)* agarrar
Pförtner portero
Pfund libra
Plan el plan; *(Entwurf)* plano; *(Absicht)* la intención
Platte *(Gericht)* plato; *(Schall~)* disco; *(Langspiel~)* disco de larga duración; ~**nspieler** el tocadiscos
Platz plaza, sitio; *(Sitz~)* asiento
plötzlich de repente

Polizei policía; ~**wache** comisaría
Polizist el policía
Portal el portal
Portier portero, el conserje
Porto franqueo
Porzellan porcelana
Post correo
Postamt oficina de correos
Postkarte tarjeta postal
prächtig magnífico
praktisch práctico
Predigt el sermón, homilía
Preis *(Geld)* precio; *(Sieges~, Gewinn)* premio
Priester el sacerdote, el cura
privat privado
Probe prueba
probieren probar
Produkt producto
Programm el programa
Prospekt prospecto, folleto
protestieren protestar
Prozent por ciento; ~**satz** tanto por ciento
prüfen examinar, controlar
Prüfung el examen
Puder los polvos
Pullover el jersey
Pulver polvo
Punkt punto
pünktlich puntual(mente)
putzen limpiar
Pyrenäen (los) Pirineos

Q

Qualität la calidad
Quelle fuente
quer durch a través de

quittieren dar recibo

Quittung recibo

R

Rabatt rebaja, descuento
Rad rueda; *(Fahr~)* bicicleta
Radio la radio; ~ **apparat** la radio, el receptor de radio
Rand orilla, el borde
rasch *(adj)* rápido, *(Am)* ligero; *(adv)* rápidamente, deprisa
Rasierapparat máquina de afeitar
Rat consejo; **jdn um ~ fragen** pedir consejo a alg
raten aconsejar; *(erraten)* adivinar
Rauch humo
rauchen fumar
Raum espacio; *(Räumlichkeit)* la habitación, el cuarto, *(Am)* pieza
rechnen calcular; **zusammen ~** sumar
Rechnung cuenta, factura; **~sbetrag** el importe de la factura
Recht derecho
recht haben tener razón
rechte, r, s derecho
rechts a la derecha
Rechtsanwalt abogado
rechtzeitig *(adv)* a tiempo, oportunadamente
reden hablar
regelmäßig regular
regeln regular, arreglar
Regen lluvia; **~mantel** el impermeable; **~schirm** el paraguas
regnen llover
reich rico

reichen *(aus~)* bastar; *(über~)* pasar, entregar; *(s. erstrecken)* comprender, abarcar
Reichtum riqueza
reif maduro
Reihe fila
reinigen limpiar
Reinigung *(Geschäft)* tintorería, el tinte
Reise el viaje; **~büro** agencia de viajes
reisen viajar; **~ nach** viajar/ir a
Reisende, der, die el viajero, la viajera
Reiseroute itinerario
reißen *(ziehen)* tirar; *(kaputtgehen)* romperse
Reißnagel chincheta
Reißverschluß cremallera, *(Am)* el cierre relámpago
Reklame propaganda, anuncio
reklamieren reclamar
rennen correr
Reparatur arreglo, la reparación; **~werkstatt** el taller de reparaciones
reservieren reservar
Rest resto; **~e** sobras, restos; *(Stoff~)* el retal
Restaurant el restaurante
retten salvar
Revue revista, espectáculo de variedades

Richter el juez

richtig exacto, preciso; *(geeignet)* adecuado; ~**stellen** rectificar; ajustar
Richtung la dirección
riechen oler
Riegel cerrojo
Riemen correa
Ring anillo, *(Am)* argolla, aro
Risiko riesgo
Rohr tubo, caña
rot rojo
Route itinerario
Rückfahrt (el viaje de) vuelta
Rückkehr vuelta
Rücksicht la consideración; ~**slos** desconsiderado
rückwärts hacia atrás
rudern remar
rufen llamar
Ruhe descanso; *(seelisch)* la paz, la tranquilidad; *(Stille)* silencio, calma
ruhen *(aus~)* descansar
ruhig tranquilo
rund redondo
Rundfahrt vuelta (en coche)

S

Saal sala
Sache cosa; *(Angelegenheit)* asunto
Sack saco
sagen decir
Saison temporada, la estación; *(Hoch~)* temporada principal; **außerhalb der ~** fuera de la temporada principal
sammeln coleccionar; *(auf~)* recoger
Sammlung la colección
Samt terciopelo
Sand arena
Satz la frase
sauber limpio
sauer agrio
Säule columna
Schachtel caja
schade, es ist ~ es una pena; **wie ~!** ¡qué lástima!
Schaden daño; ~**ersatz** la indemnización
schaden dañar, hacer daño
schädlich nocivo, dañino
Schaffner *(Bus)* el cobrador; *(Zug)* el revisor
Schallplatte disco
Schalter ventanilla; (el) el interruptor
scharf cortante, afilado; *(Geschmack)* picante, fuerte
Schatten sombra
schätzen apreciar; *(ab~)* tasar

schauen mirar
Schaufenster el escaparate, *(Am)* vidriera
Schauspiel espectáculo
Scheck el cheque
Scheibe *(Fenster)* el cristal; *(Brot)* rebanada; *(Wurst)* rodaja
Schein *(Geld~)* el billete; *(Gepäck~)* el talón, *(Am)* boleto
scheinen parecer; *(glänzen)* brillar
schenken regalar
Schere las tijeras
Scherz broma, el chiste
schicken enviar, mandar
schießen disparar
Schiff barco; *(Dampfer)* el vapor; *(Kirchen~)* la nave
Schirm el paraguas

Schlaf sueño; ~**mittel** somnífero; ~**wagen** el coche-cama, *(Am)* coche-dormitorio; ~**zimmer** dormitorio
schlafen dormir
Schlag el golpe
schlagen pegar, golpear; *(Uhr)* dar la hora
Schlamm lodo, fango
Schlange la serpiente; ~ **stehen** hacer cola
schlank delgado; esbelto
schlau astuto
Schlauch tubo

schlecht *(adj)* malo, mal; *(adv)* mal
schließen cerrar
schlimm malo, grave; ~**er** peor; ~**ste** el peor
Schloß palacio, castillo; *(Tür)* cerradura
Schluck trago
Schluß *(Ende)* el fin, término
Schlüssel la llave
schmackhaft sabroso
schmal estrecho
schmecken gustar; ~ **nach** saber a
Schmerz el dolor
schmerzen doler
schmerzhaft doloroso
Schmuck las joyas
Schmutz la suciedad; *(Schlamm)* barro
schmutzig sucio
Schnee la nieve
schneiden cortar
Schneider/in el sastre/la modista
schneien nevar
schnell *(adj)* rápido; *(adv)* rápidamente
Schnelligkeit la rapidez; *(Eile)* prisa
Schnur el cordón, cuerda
schon ya
schön hermoso, bello
Schönheit belleza
Schraube tornillo
schrecklich horrible
schreiben escribir
schreien gritar
Schrift *(Hand~)* escritura
schriftlich por escrito
Schritt paso
Schuh zapato; ~**band** el cordón; ~**bürste** cepillo del calzado; ~**creme** el betún; ~**laden** zapatería; ~**macher** zapatero
Schuld culpa; *(Geld)* deuda
schulden deber
Schule escuela
Schulter hombro
Schuß tiro
Schüssel la fuente
Schuster zapatero
Schutz la protección
schwach débil
Schwäche la debilidad
Schwager cuñado
Schwägerin cuñada
schwarz negro
Schweigen silencio
schweigen callarse; ~**d** callado, silencioso
Schweiz Suiza
Schweizer/in el suizo/la suiza
schwer pesado; *(Krankheit)* grave; *(schwierig)* difícil
Schwester hermana; *(Kranken~)* enfermera; *(Ordens~)* monja, hermana
schwierig difícil
Schwierigkeit la dificultad
Schwimmbad piscina, *(Arg)* pileta, *(Mex)* alberca
schwimmen nadar
Schwindler el estafador
schwitzen sudar
See *(Meer)* el mar; **der** ~ lago
sehen ver
Sehenswürdigkeiten las curiosidades (turísticas)
sehr muy; *(beim Verb)* mucho
Seide seda
Seife el jabón
Seil soga, cuerda
sein ser, estar
sein *(poss prn)* su
seit *(Zeitpunkt)* desde, a partir de; *(Zeitraum)* desde hace; ~ **wann?** ¿desde cuándo?; ~**dem** desde entonces
Seite lado; *(Buch)* página
Sekunde segundo
selbstverständlich natural(mente), *(Am)* ¿cómo no?
selten *(adj)* raro; *(adv)* rara vez, raramente
senden enviar, mandar
Sendung *(Radio, Fernsehen)* la emisión
setzen poner, colocar; **s.** ~ sentarse
sicher *(adj)* seguro, cierto; *(adv)* ciertamente
Sicherheit la seguridad; *(Garantie)* garantía; ~**snadel** el imperdible, *(Am)* el prendedor
Sicherung *(el)* el fusible
Sicht vista
sichtbar visible
Sichtvermerk visado
Sie usted, ustedes
sie *(Sing)* ella; *(Pl)* ellos, ellas
Signal la señal
Silber plata

singen cantar
Sinn sentido
Sitz asiento
sitzen estar sentado
so así
sofort inmediatamente
sogar hasta
Sohn hijo
solange als hasta que
solch tal
sollen deber
Sommer verano
Sonder... especial
sondern sino
Sonne el sol; **bei ~naufgang/bei ~nuntergang** a la salida/a la puesta del sol; **~nbrille** las gafas de sol; **~nschirm** sombrilla
sonst si no; *(außerdem)* además; *(Gegensatz)* si no, en caso contrario
Sorge *(Besorgnis)* la preocupación
sorgen für cuidar de, tener cuidado de; **s. ~ um** preocuparse por
Sorgfalt esmero
sorgfältig esmerado, cuidadoso
Sorte la clase; *(Zigaretten)* marca

Spanien España
Spanier/in el español/la española
spanisch español
sparen ahorrar
Spaß *(Scherz)* broma, el chiste; *(Vergnügen)* la diversión
spät tarde
spazierengehen pasear
Spaziergang paseo; **einen ~ machen** dar un paseo
Speise comida; *(Gericht)* plato; **~karte** carta, el menú; **~saal** el comedor; **~wagen** el coche-restaurante, *(Am)* el vagón-restaurante
speisen comer
Sperre *(Bahnhof)* barrera
Spesen los gastos
speziell especial
Spiegel espejo
Spiel juego; **~platz** el parque infantil; **~zeug** los juguetes
spielen jugar
Spiritus *(Brenn~)* el alcohol de quemar; **~kocher** infernillo de alcohol

Spitze punta; **Finger~** punta del dedo; *(Gebirge)* cima, cumbre; *(Gewebe)* encaje
Sport el deporte; **~platz** campo de deportes
Sprache el idioma, lengua
sprechen hablar
springen saltar
Spur pista; vestigio

Staat estado
Staatsangehörigkeit la nacionalidad
Stadt la ciudad; **~plan** plano de la ciudad; **~teil** barrio
stark fuerte; *(dick)* grueso; *(beleibt)* gordo
Stärke fuerza
Start partida; *(Flugzeug)* el despegue
statt en vez de, en lugar de; **~finden** tener lugar
Staub polvo
stechen pinchar, picar
Steckdose caja de enchufe
Stecker clavija
Stecknadel el alfiler
stehen estar, estar de pie; **~ bleiben** pararse
stehlen robar
steigen subir
steil escarpado
Stein piedra
Stelle *(Ort)* el lugar; *(Arbeit)* empleo
stellen poner
Stellung la posición; *(An~)* empleo
Stempel sello
sterben morir
Stern estrella
stets siempre
still quieto, tranquilo
Stimme la voz
stinken oler mal
Stock el bastón; **~werk** piso
Stoff tela
stören molestar, estorbar
Störung molestia, estorbo; *(Unterbrechung)* la interrupción
Stoß el golpe; *(Zusammen~)* el choque
stoßen empujar, dar un golpe a
Strafe castigo; *(Geld~)* multa
Strahl rayo; *(Wasser~)* chorro
Strand playa

Straße la calle; *(Land~)* carretera
Straßenbahn el tranvía; ~**schaffner** el cobrador
Strauß *(Blumen)* ramo
Strecke trayecto, trecho; *(Bahn~)* línea
Streichholz cerilla, fósforo; ~**schachtel** caja de cerillas
Streit disputa, la discusión
streng severo, riguroso
Strom *(Fluß)* río; *(el)* la corriente
Stück pieza, trozo; **ein** ~ **Brot** un trozo de pan
Student el estudiante
studieren estudiar
Studium estudio
Stuhl silla
Stunde hora; **eine halbe** ~ media hora; **eine Viertel** ~ un cuarto de hora; *(Unterrichts~)* la clase
stündlich cada hora
Sturm la tempestad
Sturz caída
stürzen *(fallen)* caer

suchen buscar
Süden el sur
südlich del sur, meridional; ~ **von** al sur de
Summe suma; el importe
süß dulce

T

Tabak tabaco
Tag el día
täglich *(adj)* diario, cotidiano; *(adv)* a diario, diariamente
Tal el valle
tanken poner gasolina
Tankstelle gasolinera, la estación de servicio
Tante tía
Tanz el baile
tanzen bailar
Tasche bolsillo; *(Hand~)* bolso
Taschendieb ratero
Taschenlampe linterna
Taschentuch pañuelo
Tasse, eine ~ ... una taza de ...
Tat la acción; **in der** ~ en efecto, efectivamente
Tätigkeit la actividad
Tatsache hecho
tauchen bucear
tauschen cambiar
täuschen, s. ~ equivocarse
tausend mil
Taxi el taxi

Tee el té
Teil la parte
teilen partir, dividir; *(mit jdm ~)* compartir con alg
teilnehmen (an) tomar parte en
Telefon teléfono; ~**gespräch** conferencia telefónica; ~**verzeichnis** guía de teléfonos; ~**zelle** cabina telefónica
telefonieren llamar por teléfono, telefonear
Telegramm el telegrama
telegraphieren telegrafiar
Teller plato
Tennisplatz pista de tenis, *(Am)* cancha de tenis
Termin término, fecha; *(Frist)* plazo
teuer caro
tief profundo, hondo; *(niedrig)* bajo
Tier el animal
Tisch mesa
Tochter hija
Tod la muerte
Toilette el retrete, el servicio; ~**npapier** el papel higiénico
Ton sonido, tono; *(Betonung)* acento; *(Farbe)* tono; ~**waren** objetos de alfarería, loza
Topf *(Koch~)* olla, cazuela, puchero
Tor, das ~ puerta
tot muerto
Tour la excursión; ~**ist/in** el /la turista

tragen llevar; *(Kleidung)* llevar (puesto); *(er~)* soportar
Träger *(Gepäck~)* mozo
transportieren transportar
Trauben uvas
Traum sueño
träumen soñar
traurig triste
treffen encontrar
trennen separar; *(teilen)* dividir
Treppe escalera

trinkbar potable
trinken beber, tomar
Trinkgeld propina
trocken seco

trocknen secar
Tropfen gota
trotz a pesar de, no obstante; ~**dem** sin embargo, a pesar de eso
trüb *(Flüssigkeit)* turbio; *(Wetter)* nublado
Tuch tela; paño; *(Lappen)* trapo; *(Kopf~)* pañuelo de cabeza
tüchtig hábil, capaz
tun hacer
Tunnel el túnel
Tür puerta
Turm la torre; *(Kirch~)* campanario
Tüte bolsa

U

übel *(böse)* malo, mal; **mir ist** ~ me siento/estoy mal
Übel, das ~ el mal
üben ejercitar
überall por/en todas partes
überbringen llevar, entregar
Überfahrt travesía
Überfall atraco
überflüssig superfluo
überfüllt repleto
Übergang paso, el pasaje
übergeben entregar
überholen adelantar, pasar
übermorgen pasado mañana
übernachten pernoctar
überrascht sorprendido
überreden persuadir, convencer
überschreiten atravesar
Übersee (el) ultramar
übersenden enviar, remitir
übersetzen traducir
übertragbar transferible
übertrieben exagerado
überweisen transferir
Überweisung giro, transferencia
überzeugen convencer, persuadir
üblich usual, habitual
übrig sobrante, restante; ~**bleiben** sobrar; ~**ens** por lo demás, por otra parte
Übung ejercicio

Ufer orilla
Uhr *(Armband~)* el reloj de pulsera; *(Wand~)* el reloj de pared
um *(herum)* alrededor de, en torno a; *(gegen)* hacia; *Zeitangabe)* a
umarmen abrazar
Umgebung los alrededores
umgekehrt *(adj)* contrario; *(adv)* al revés, al contrario; **in** ~ **er Richtung** en sentido inverso/contrario
umkehren volver(se), dar la vuelta
Umleitung la desviación
Umrechnung cambio
umsonst *(gratis)* gratis, gratuito; *(vergeblich)* en balde
Umstände las circunstancias
umsteigen cambiar de
umtauschen cambiar
Umweg rodeo
Umwelt el (medio) ambiente
umziehen mudarse de casa; **s.** ~ mudarse de, cambiarse de
unangenehm desagradable
unanständig indecente
unbedingt *(adv)* sin falta, absolutamente
unbekannt desconocido
unbequem incómodo

unbestimmt indeterminado
und y; ~ **so weiter** etcétera
undankbar desagradecido
unecht falso
unentbehrlich indispensable
unentschlossen indeciso
unerfahren inexperto, sin experiencia
unerfreulich desagradable
unerträglich insoportable
unerwartet inesperado, imprevisto
unerwünscht inoportuno
unfähig incapaz
Unfall el accidente
unfreundlich antipático
ungeeignet inadecuado, inepto
ungefähr aproximado
ungemütlich incómodo
ungenau inexacto, impreciso
ungenügend insuficiente
ungerecht injusto
Ungerechtigkeit injusticia
ungern de mala gana
ungesund malsano
ungewiß incierto
ungewöhnlich poco común
unglaublich increíble
Unglück desgracia, el accidente
unglücklich desgraciado; ~**erweise** desgraciadamente
ungültig inválido
ungünstig desfavorable
unhöflich descortés, mal educado
Unkosten los gastos
unmittelbar *(adj)* inmediato; *(adv)* inmediatamente
unmodern pasado de moda
unmöglich imposible
unnötig innecesario, superfluo
unnütz inútil
Unordnung el desorden
unpraktisch poco práctico
Unrecht *(Ungerechtigkeit)* injusticia
unrecht haben no tener razón, estar equivocado

unregelmäßig irregular
unruhig intranquilo, inquieto
uns nos, a nosotros
unschädlich inofensivo
unschuldig inocente
unser, e nuestro, nuestra
unsicher inseguro; *(ungewiß)* incierto
unten abajo; **dort** ~ allí abajo
unter bajo, debajo de; *(zwischen)* entre; ~ **anderem** entre otras cosas; ~**halb** debajo de
unterbrechen interrumpir
Unterführung paso subterráneo
unterhalten, s. ~ charlar, divertirse
unterhaltend divertido
Unterhaltung *(Gespräch)* la conversación; *(Vergnügen)* la diversión
Unternehmen empresa
unterrichten informar; *(Schule)* enseñar
unterscheiden distinguir; **s.** ~ **von** distinguirse de
Unterschied diferencia
unterschreiben firmar
Unterschrift firma
Unterstützung apoyo
Unterwäsche ropa interior
unterwegs en (el) camino, en el/de viaje
unverbindlich sin compromiso
unvermeidlich inevitable
unverschämt sinvergüenza
unvollständig incompleto
unvorsichtig descuidado
unwahrscheinlich improbable
Unwetter la tempestad
unwichtig sin importancia, insignificante
unwohl indispuesto
unzufrieden descontento
Urlaub las vacaciones, permiso
Ursache causa
Urteil juicio
urteilen juzgar

V

Vater el padre; ~**land** patria
verabreden, s. ~ citarse
Verabredung cita
verändern cambiar
Veränderung cambio
Veranstaltung la manifestación; *(Aufführung)* espectáculo
verantwortlich responsable
verbergen esconder
verbessern mejorar; *(Fehler)* corregir
verbieten prohibir
verbinden unir; *(tele)* poner en comunicación
Verbindung la relación, contacto; *(tele)* la comunicación
Verbot la prohibición
verboten! ¡prohibido!
Verbrauch consumo
verbrauchen gastar, consumir
Verbrechen el crimen
verbrennen quemar; arder
verbringen *(Zeit)* pasar
Verdacht sospecha
verderben estropear; *(schlecht werden)* estropearse, deteriorarse
verdienen ganar; *(wert sein)* merecer
Verdienst, der ~ ganancia; **das** ~ mérito
verdorben estropeado; *(faul)* podrido; *(sittlich)* corrompido
Verein la asociación, la sociedad
vereinbaren convenir, acordar
Verfassung la constitución; *(Zustand)* estado
Vergangenheit pasado
vergehen *(Zeit)* pasar
vergessen olvidar
Vergleich la comparación
vergleichen comparar
Vergnügen el placer, la diversión
verheiratet (mit) casado (con)
verhindern impedir
verirren, s. ~ extraviarse
Verkauf venta
verkaufen vender

Verkäufer/in el vendedor/la vendedora
Verkehr tráfico
verkehren *(Verkehrsmittel)* circular
verlangen pedir, preguntar por; *(fordern)* exigir
verlängern alargar; *(zeitlich)* prolongar
verlassen dejar, abandonar
Verletzung herida
verlieren perder
verloben, s. ~ **mit** prometerse con
Verlobte, der, die el prometido, la prometida
Verlust pérdida
vermeiden evitar
vermieten alquilar
Vermittler el mediador
vermuten suponer
Vermutung la suposición
vernachlässigen descuidar
vernünftig razonable, sensato
verpacken embalar, empaquetar
Verpackung el embalaje, *(Am)* el empaque
Verpflegung comida
verpflichtet sein estar obligado
Verpflichtung la obligación
verrechnen, s. ~ equivocarse
verreisen hacer un viaje
verrückt loco

versäumen *(verpassen)* perder
verschaffen procurar
verschieben *(zeitlich)* retardar
verschieden diferente, distinto
verschließen cerrar con llave
verschreiben *(verordnen)* recetar
verschwinden desaparecer
Versehen, aus ~ por equivocación
versenden enviar, remitir
versichern asegurar
Versicherung seguro
versorgen mit proveer de

verspäten, s. ~ retrasarse, llegar tarde
Verspätung retraso
Versprechen promesa
versprechen prometer
Verstand inteligencia; *(Vernunft)* la razón
verständigen, jdn ~ informar a alg; **s.** ~ ponerse de acuerdo
verstehen entender
Versuch prueba, intento
versuchen intentar, probar; *(Speisen)* probar
vertauschen cambiar
verteidigen defender
verteilen distribuir
Verteilung la distribución
Vertrag contrato
Vertrauen confianza
vertrauen (auf) confiar (en)
vertrauensvoll confiado
Vertreter el representante
verunglücken sufrir un accidente
verursachen causar
Verwaltung la administración
verwandt pariente
verwechseln confundir
verwenden usar, emplear
Verwendung empleo, uso
verwirklichen realizar
Verzeichnis lista, catálogo
verzeihen perdonar, excusar
Verzeihung el perdón
verzögern retardar
verzollen declarar
verzweifelt desesperado
viel mucho
vielleicht quizá, tal vez
vielmehr más bien
viereckig cuadrado
Viertel, ein ~ un cuarto
vierzehn Tage quince días
Villa hotel, chalet
Visum visado, *(Am)* visa
Vogel pájaro
Volk pueblo
voll lleno; *(ganz)* completo, total; *(~ besetzt)* completo
vollenden terminar, acabar
vollkommen perfecto
Vollmacht el poder, la autorización

vollständig *(adj)* completo; *(adv)* completamente
von de; *(Passiv)* por
vor *(räumlich)* delante de; *(zeitlich)* antes de; ~ **allem** sobre todo
voraus, im ~ de antemano
Vorbehalt, mit ~ con reserva
vorbeigehen pasar
vorbereiten preparar
vorbestellen reservar
Vorfall suceso; *(Zwischenfall)* el incidente, contratiempo
vorgehen *(Uhr)* adelantarse
vorgestern anteayer, antes de ayer
Vorhang cortina
vorher antes
vorläufig *(adv)* provisionalmente
vorletzte, der, die, das el, la, lo penúltimo (a)
Vormittag mañana; ~**s** por la(s) mañana(s)
Vorname nombre (de pila)
vornehm distinguido
Vorort, Vorstadt las afueras
Vorrat la provisión
Vorsatz propósito
Vorschlag propuesta, la proposición
vorschlagen proponer
Vorschrift la prescripción
Vorsicht la precaución; ~ ! ¡cuidado!, ¡atención!
vorsichtig cuidadoso, prudente
Vorspeise los entremeses
vorstellen presentar
Vorstellung la presentación; *(Theater)* la función, la representación; *(Begriff)* idea
Vorteil ventaja
vorteilhaft ventajoso
vorüber pasado
vorübergehen pasar; ~**d** pasajero
Vorverkauf venta anticipada
Vorwand pretexto
vorwärts adelante
vorzeigen enseñar, mostrar
vorziehen preferir
Vorzug preferencia; *(Vorteil)* ventaja

W

Waage balanza, peso
wach despierto
wachsen crecer
wagen atreverse a
Wagen *(Zug)* el vagón, el coche; *(Auto)* el coche, el auto(móvil), *(Am)* carro
Wahlen las elecciones
wählen escoger, elegir; *(tele)* marcar; *(Politik)* elegir
wahr verdadero
während *(prp)* durante; *(conj)* mientras (que)
Wahrheit la verdad
wahrscheinlich *(adj)* probable; *(adv)* probablemente
Wahrscheinlichkeit la probabilidad
Währung moneda
Wald el bosque
Wand la pared
wann cuando
Ware mercancía, *(Am)* mercaderia; ~**nhaus** los (grandes) almacenes
warm caliente
Wärme el calor
wärmen calentar
warnen (vor) prevenir (contra)
warten esperar
Wartesaal sala de espera
warum por qué
was qué; ~ **für ein/eine ...?** ¿qué ...?, ¿cuál ...?
Wäsche *(Bett~)* ropa de cama; *(Unter~)* ropa interior; *(zum Waschen)* ropa sucia
waschecht lavable
waschen lavar
Wäscherei lavandería
Wasser (el) agua
Watte el algodón
Wechsel cambio
wechseln *(Geld)* cambiar
wecken despertar
Wecker el despertador
weder ... noch ni ... ni

Weg camino; *(Pfad)* sendero, senda; *(Straße)* carretera, la calle
weg fuera, ausente
wegen por, a causa de
weggehen irse, marcharse
wegnehmen quitar
wegschicken enviar
weh tun hacer daño
weich blando; *(Ton, Farbe)* suave
weigern, s. ~ negarse
Weihnachten la Navidad
Weihnachtsabend Nochebuena
weil porque
weinen llorar
Weise *(Art)* manera, modo, forma
weiß blanco
weit *(Gegenteil von eng)* ancho; *(Weg)* largo; *(entfernt)* lejano
weiter, und so ~ etcétera
Welt mundo
wenden volver, dar vuelta a; **s. an jdn** ~ dirigirse a alg
wenig poco; **ein** ~ un poco; **ein** ~ **von ...** un poco de ...; ~**er** menos; **das** ~**ste** lo menos; ~**stens** por lo menos
wenn *(Bedingung)* si; *(zeitlich)* cuando
wer quien
werden *(Passiv)* ser; *(plötzlich ~)* ponerse; *(etwas ~)* hacerse, llegar a ser
werfen echar, tirar
Werk obra
Werkstatt el taller
werktags los días laborables
Werkzeug las herramientas
Wert el valor
wert, viel ~ **sein** valer mucho
wertlos sin valor, sin importancia
weshalb por qué
Westen el oeste
westlich occidental
Wettbewerb competencia; concurso
Wette apuesta
wetten apostar

Wetter tiempo
Wetterbericht la información meteorológica
wichtig importante
wie *(Frage)* cómo; *(Vergleich)* como, igual que
wieder otra vez, de nuevo
wiederbekommen recobrar, recuperar
wiedergeben devolver
wiederholen repetir
wiederkommen volver
wiedersehen volver a ver
wiegen pesar
Wiese prado, pradera
wieso cómo, por qué
wieviel cuánto
Wild caza; *(Fleisch)* venado
wild salvaje; silvestre
willkommen bienvenido
Wind viento
Winkel *(Ecke)* el rincón
winken hacer señas
Winter invierno
wir nosotros
wirklich verdadero, real; *(echt)* auténtico; *(adv)* de verdad, de veras
Wirklichkeit la realidad
wirksam eficaz
Wirkung efecto
Wirt dueño, el patrón
Wirtshaus taberna, el restaurante
Wissen el saber
wissen saber
Witz el chiste, broma
wo donde

Woche semana; **in einer ~** dentro de una semana
wochentags los días laborables
wöchentlich *(adj)* semanal; *(adv)* semanalmente, cada semana
wofür para qué
woher de dónde
wohin adónde
Wohl el bien, provecho; **~befinden** el bienestar, la buena salud
wohl *(adv)* bien
wohlhabend acomodado, adinerado
wohlwollend benévolo
wohnen vivir, habitar
Wohnort, Wohnsitz domicilio, residencia
Wohnung vivienda, piso, *(Am)* departamento; **möblierte ~** vivienda amueblada
Wohnzimmer cuarto de estar
Wolke la nube
Wolkenkratzer el rascacielos
Wolldecke manta de lana
Wolle lana
wollen *(wünschen)* desear, querer
Wort palabra
wozu para qué
wunderbar maravilloso
wundern, s. ~ (über) asombrarse (de), extrañarse (de)
Wunsch deseo
wünschen desear
Wut rabia, furia
wütend rabioso, furioso; **~ werden** ponerse furioso

Z

Zahl número
zahlbar pagadero
zahlen pagar
zählen contar
zahlreich numeroso
Zahlung pago
Zahn el diente; **~bürste** cepillo de dientes; **~paste** pasta de dientes; **~stocher** palillo de dientes

Zange las tenazas
zanken, s. ~ pelearse, regañar
zart *(weich)* tierno; *(~fühlend)* delicado

Zeichen la señal, signo; *(An~)* indicio; *(Beweis)* prueba
zeichnen dibujar
zeigen enseñar, mostrar; *(hinweisen)* indicar, señalar

Zeit tiempo; **eine ~ lang** algún tiempo; **von ~ zu ~** de vez en cuando; **zur ~** actualmente
Zeitschrift revista
Zeitung periódico; **~skiosk** kiosco de periódicos; **~sverkäufer** vendedor de periódicos
Zelt tienda de campaña
zelten hacer cámping, acampar
Zeltplatz el cámping
zentral central
Zentrum centro
zerbrechen romper
zerbrechlich frágil
zerreißen romper, destrozar
zerstören destruir
Zeuge testigo
Zeugnis testimonio; *(Bescheinigung)* certificado
ziehen tirar
Ziel meta; *(Reise~)* meta de viaje
ziemlich bastante
Zigarette cigarrillo
Zigarre cigarro; puro
Zimmer cuarto, la habitación, *(Am)* pieza
zögern dudar; tardar
Zoll aduana; **~amt** oficina de aduanas; **~beamter** empleado de aduanas; **~gebühren** derechos de aduana
zornig furioso, rabioso
zu *(Richtung)* a; *(mit adj)* demasiado; **~ sehr, ~ viel** demasiado; *(geschlossen)* cerrado
zubereiten preparar
Zucker el azúcar
zudecken tapar
zuerst primero, en primer lugar
Zufall la casualidad
zufällig casual
zufrieden satisfecho, contento
Zug el tren
Zugang acceso
zugunsten en favor de
zuhören escuchar
Zukunft futuro, el porvenir

zukünftig futuro
zulassen *(erlauben)* permitir, autorizar
zulässig lícito
zuletzt en último lugar, finalmente
zumachen cerrar
zunächst en primer lugar
zunehmen *(dicker werden)* engordar; *(anwachsen)* crecer
Zunge lengua
zurück (hacia) atrás
zurückbringen devolver
zurückgeben devolver
zurückkehren volver, regresar
zurücklassen dejar atrás
zurückweisen rechazar
zurückzahlen devolver (el dinero)
zurückziehen, s. ~ retirarse
zusagen *(Einladung)* aceptar
zusammen juntos, juntas
zuschauen estar mirando
Zuschauer el espectador
Zuschlag *(zum Fahrpreis)* suplemento
zuschließen cerrar con llave
Zustand estado
zustimmen estar de acuerdo
zuverlässig de confianza, seguro
zuviel demasiado

Zwang la obligación
Zweck el fin, propósito
zwecklos inútil
zweckmäßig conveniente, oportuno; *(nützlich)* útil
Zweifel duda; **ohne ~** sin duda
zweifelhaft dudoso; *(ungewiß)* incierto
zweifellos indudable(mente), sin duda
zweifeln an etw dudar de algo
zweite, der, die, das el , la , lo segundo (-a); **~ns** en segundo lugar
zwingen obligar, forzar
zwischen entre
Zwischenlandung escala

Redewendungen

1 Allgemeine Wendungen
Expresiones de uso diario

Begrüßung, Vorstellung, Bekanntschaft	Saludos, presentación, relaciones
Guten Morgen!	¡Buenos días!
Guten Tag!	¡Buenos días! / ¡Buenas tardes!
Guten Abend!	¡Buenas tardes! / ¡Buenas noches!
Hallo!/Grüß dich!	¡Hola! ¿Qué tal?
Wie ist Ihr Name, bitte?	¿Cómo se llama usted, por favor?
Mein Name ist ...	Me llamo ...
Sehr angenehm.	Encantado. / Encantada.
Es freut mich, Sie kennenzulernen.	Me alegro mucho de conocerle/conocerla.

"Buenos días" sagt man bis zum Mittagessen (ca. 14 Uhr). "Buenas tardes" sagt man am Nachmittag, etwa bis zum Anbruch der Dunkelheit. Danach sagt man "Buenas noches".

Darf ich bekannt machen? Das ist	Le presento
Frau X	a la señora X
Fräulein X	a la señorita X
Herr X	al señor X
mein Mann	a mi marido
meine Frau	a mi esposa/mujer
mein Sohn	a mi hijo
meine Tochter	a mi hija
meine Freundin	a mi amiga
mein Verlobter	a mi novio

Wie geht es Ihnen/dir? ¿Qué tal está usted/estás?

Danke. Und Ihnen/dir? Bien, gracias. ¿Y usted/tú?

Hatten Sie eine angenehme Reise? ¿Ha tenido un viaje agradable?

Woher kommen Sie? ¿De dónde es usted?

Sind Sie schon lange in ...? ¿Lleva usted ya mucho tiempo en ...?

Sind Sie allein? ¿Está usted solo/sola?

Sind Sie mit Ihrer Familie hier? ¿Está usted con su familia aquí?

Wohnen Sie auch im Hotel Astoria? ¿Está usted también en el hotel Astoria?

Haben Sie für morgen schon etwas vor? ¿Tiene usted algún plan para mañana?

Wollen wir zusammen hingehen? ¿Vamos juntos?

Wann treffen wir uns? ¿A qué hora nos encontramos?

Darf ich Sie abholen? ¿Puedo ir a recogerla (*Am* buscarla)?

"Don", "Doña" und der Vorname wird für bekannte und respektierte Personen verwendet.
„Ein Bekannter" ist "un conocido", "un amigo". „Der feste Freund" ist "el novio".

Ich erwarte Sie um 9 Uhr	Le/La espero a las nueve
vor dem Kino	delante del cine
auf dem ... Platz	en la plaza ...
im Café.	en el café.
Lassen Sie mich bitte in Ruhe!	¡Por favor, déjeme en paz!

Besuch — Una visita

Entschuldigen Sie, wohnt hier Herr/Frau/Fräulein X?	Perdón, ¿vive aquí el señor/la señora/la señorita X?
Nein, er/sie ist umgezogen.	No, se ha mudado de casa.
Wissen Sie, wo er/sie jetzt wohnt?	¿Sabe usted dónde vive ahora?
Kann ich mit Herrn/Frau/Fräulein X sprechen?	¿Puedo hablar con el señor/la señora/la señorita X?
Wann ist er/sie zu Hause?	¿Cuándo estará en casa?
Kann ich eine Nachricht hinterlassen?	¿Puedo dejar un recado?
Ich komme später noch einmal vorbei.	Volveré más tarde.
Kommen Sie herein.	Pase, por favor.
Nehmen Sie bitte Platz.	¿Quiere sentarse?
Ich soll Sie von Paul grüßen.	Muchos saludos de Paul.
Was darf ich Ihnen zu trinken anbieten?	¿Quiere tomar algo?

> Nur bei sehr festlichen Angelegenheiten ist es in Spanien üblich, "Salud!" (zum Wohl!) oder "¡Que seáis muy felices!" (Auf euer Glück!) zu sagen.

Vielen Dank.	Muchas gracias.
Auf Ihr Wohl!	¡Salud!
• Können Sie nicht zum Mittagessen/Abendessen bleiben?	¿No puede quedarse a comer (*Am* almorzar)/cenar?
Vielen Dank. Ich bleibe gern, wenn ich nicht störe.	Muchas gracias. Me quedo con mucho gusto si no les molesto.
Es tut mir leid, aber ich muß gehen.	Lo siento, pero tengo que marcharme.
Guten Appetit!	¡Que aproveche!/¡Buen apetito!
Vielen Dank für den netten Abend.	Muchas gracias por esta velada tan agradable.
Ich hoffe, Sie bald wiederzusehen.	Espero que nos volvamos a ver pronto.
Ich lasse von mir hören.	Yo daré noticias de mi vida.

Abschied / Despedida

Auf Wiedersehen!	¡Hasta la vista!/¡Adiós!
Bis bald!	¡Hasta pronto!
Bis später!	¡Hasta luego!
Bis morgen!	¡Hasta mañana!
Gute Nacht!	¡Buenas noches!
Tschüß!	¡Adiós!
Alles Gute!	¡Que le/te vaya bien!
Danke, gleichfalls!	Gracias, igualmente.
Gute Reise!	¡Buen viaje!
Grüßen Sie ... von mir.	Muchos saludos a ... de mi parte.

Bitte und Dank

Cómo pedir un favor y dar las gracias

Ja, bitte.	Sí, por favor.
Nein, danke.	No, muchas gracias.
Darf ich Sie um einen Gefallen bitten?	¿Puedo pedirle un favor?
Ich möchte ...	Quisiera ... / Desearía ... / Me gustaría ...
Ich brauche ...	Necesito ...
Könnten Sie mir bitte sagen, wo ... ist.	¿Podría usted decirme dónde está ...?
Bitte geben/zeigen Sie mir ...	Por favor, déme/enséñeme ...
Gestatten Sie?	¿Permite?
Können Sie mir bitte helfen?	¿Puede usted ayudarme, por favor?
Danke.	Gracias.
Vielen Dank.	Muchas gracias.
Das ist nett, danke.	Gracias, es muy amable de su parte.
Vielen Dank für Ihre Hilfe/Mühe.	Muchas gracias por su ayuda/interés.
Bitte sehr./Keine Ursache.	De nada./No hay de qué.

„Bitte" heißt:
als Aufforderung: "Por favor" oder "Haga/Haz el favor de ..."
nach „danke": "No hay de qué" oder "De nada".
Nehmen Sie! / Nimm! = "¡Tenga!" "¡Tome!" / "¡Ten!" "¡Toma!"

Entschuldigung, Bedauern

Cómo pedir excusas

Entschuldigung!	¡Perdón!
Ich muß mich entschuldigen.	Tengo que pedir perdón.
Das tut mir leid.	Lo siento / lamento mucho.
Es war nicht so gemeint.	No quería decir eso.
Schade!	¡Qué pena / lástima!
Es ist leider nicht möglich.	Lo siento, pero no es posible.

Glückwunsch

Felicitación

Herzlichen Glückwunsch!	¡Mi más cordial felicitación / enhorabuena!
Alles Gute zum Geburtstag/Namenstag!	Muchas felicidades en el día de su cumpleaños / santo.
Viel Erfolg!	¡Mucho éxito!
Viel Glück!	¡Mucha suerte!
Hals- und Beinbruch!	¡Buena suerte!
Viel Vergnügen!	¡Que se divierta! / ¡Que te diviertas!
Gute Besserung!	¡Que se mejore! / ¡Que te mejores!
Schöne Feiertage!	¡Felices fiestas!
Frohe Weihnachten und ein glückliches Neues Jahr!	¡Feliz Navidad y un próspero Año Nuevo!

Verständigungsschwierigkeiten

Dificultades de comprensión

Wie bitte?	¿Cómo dice/dices?
Ich verstehe Sie nicht. Bitte, wiederholen Sie es.	No le/la entiendo. ¿Puede repetir, por favor?

Sprechen Sie
  Deutsch?
  Englisch?
  Französich?
	¿Habla usted
	  alemán?
	  inglés?
	  francés?

Bitte sprechen Sie etwas langsamer/lauter.	Por favor, hable un poco más despacio/alto (*Am* fuerte).
Was heißt ... auf spanisch?	¿Cómo se dice ... en español?
Was bedeutet das?	¿Qué significa eso?
Wie spricht man dieses Wort aus?	¿Cómo se pronuncia esta palabra?
Schreiben Sie es mir bitte auf!	Escríbamelo, por favor.
Buchstabieren Sie es bitte!	Deletree, por favor.
Könnten Sie mir bitte diesen Satz übersetzen?	¿Podría usted traducirme esta frase?

Wetter

El tiempo atmosférico

Wie wird das Wetter heute?	¿Qué tiempo tendremos hoy?

Wir bekommen
  schönes
  schlechtes
  unbeständiges
Wetter.
	Va a hacer
	  buen tiempo.
	  mal tiempo.
	  tiempo inestable.

Es bleibt schön.	Seguirá el buen tiempo.
Es wird wärmer/kälter.	Va a hacer más calor/más frío.

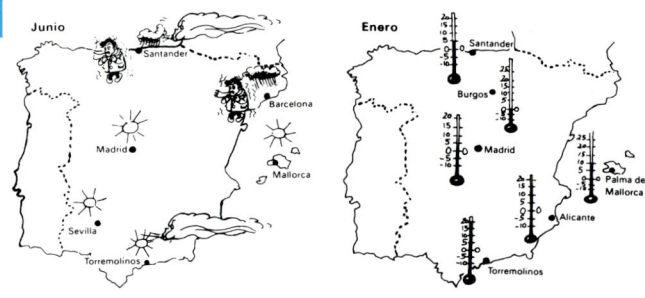

Es wird regnen/schneien.	Va a llover/nevar.
Es ist kalt/heiß/schwül.	Hace frío/calor/bochorno.
Wir bekommen ein Gewitter/Sturm.	Va a haber una tormenta/tempestad.
Es ist neblig/windig.	Hay niebla./Hace (*Am* Corre) viento.
Das Wetter wird wieder schön.	Va a hacer otra vez buen tiempo.
Die Sonne scheint.	Hace/Hay sol.
Der Himmel ist wolkenlos/bedeckt.	El cielo está despejado/nublado.
Wie ist der Straßenzustand in den Pyrenäen?	¿Qué tal están las carreteras en los Pirineos?
Die Straßen sind vereist.	Las carreteras están heladas.
Schneeketten sind erforderlich.	Es necesario el uso de cadenas.

Wortliste Wetter

Barometer	barómetro
bewölkt	nublado
Blitz	rayo
Dämmerung	
(am Morgen)	alba
(am Abend)	crepúsculo
Donner	trueno
Eis	hielo
Frost	helada
Gewitter	tormenta
Glatteis	la superficie helada
Hagel	granizo
Hitze	el calor
Hoch	el anticiclón
Klima	el clima
Luft	el aire
-druck	la presión atmosférica
Nebel	niebla
Niederschlag	las precipitaciones
Regen	lluvia
-schauer	chubasco
Schnee	la nieve
Schwüle	bochorno
Sonne	el sol
-naufgang	salida del sol
-nuntergang	puesta del sol
Straßenzustand	estado de las carreteras
Sturm	borrasca
Tauwetter	deshielo
Temperatur	temperatura
Tief	el ciclón
Wetter/bericht	el boletín meteorológico
-vorhersage	la predicción del tiempo
Wind	viento
Wolke	la nube
-nbruch	el chaparrón, lluvia torrencial

Zeitangaben | La hora

Wie spät ist es?	¿Qué hora es?
Es ist	Son
3 Uhr.	las tres.
3 Uhr 10.	las tres y diez.
halb 4.	las tres y media.
Viertel vor 4.	las cuatro menos cuarto.
5 vor 4.	las cuatro menos cinco.
1 Uhr.	Es la una.
12 Uhr mittag/Mitternacht.	Son las doce del mediodía/de medianoche.
Geht diese Uhr richtig?	¿Anda bien ese reloj?
Sie geht vor/nach.	Va adelantado/atrasado.
Es ist spät/zu früh.	Es tarde/demasiado pronto.
Um wieviel Uhr?/Wann?	¿A qué hora?/¿Cuándo?
Um 2 Uhr.	A las dos.
Um 1 Uhr.	A la una.
In einer Stunde.	Dentro de una hora.
In zwei Stunden.	Dentro de dos horas.
Nicht vor 9 Uhr morgens.	No antes de las nueve de la mañana.
Nach 8 Uhr abends.	Después de las ocho de la tarde.
Zwischen 3 und 4.	Entre las tres y las cuatro.
Gegen 4 Uhr.	Alrededor de las cuatro.
In 14 Tagen	Dentro de quince días/dos semanas.
Vor einer Woche.	Hace una semana.
Wie lange?	¿Cuánto tiempo?
Zwei Stunden (lang).	(Durante) dos horas.

Im Spanischen verwendet man bei Datumsangaben immer die Grundzahlen, nur für den 1. eines jeden Monats kann man die Ordnungszahl "primero" verwenden.

Von 10 bis 11.	Desde las diez hasta las once.
Bis zum Wochenende.	Hasta el fin de semana.
Seit wann?	¿Desde cuándo?
Seit 8 Uhr morgens.	Desde las ocho de la mañana.
Seit einer halben Stunde.	Desde hace media hora.
Seit acht Tagen.	Desde hace ocho días.

Nützliche Zeitangaben

abends	por la tarde
alle halbe Stunde	cada media hora
alle zwei Tage	cada dos días
am Wochenende	el fin de semana
diese Woche	esta semana
gegen Mittag	hacia mediodía
gestern	ayer
heute	hoy
in einem Monat	dentro de un mes
in einer Stunde	dentro de una hora
in 14 Tagen	dentro de 15 días
innerhalb einer Woche	en una semana
letzten Montag	el lunes pasado
morgen	mañana
morgens	por la mañana
nächstes Jahr	el año que viene
nachts	por la noche
stündlich	cada hora
täglich	a diario, todos los días
tagsüber	durante el día
übermorgen	pasado mañana
um diese Zeit	a esta hora
von Zeit zu Zeit	de vez en cuando
vorgestern	anteayer
vormittags	por la mañana
vor einer Woche	hace una semana
vor zehn Minuten	hace diez minutos

Wochentage

Montag	lunes
Dienstag	martes
Mittwoch	miércoles
Donnerstag	jueves
Freitag	viernes
Samstag	sábado
Sonntag	domingo

Monate

Januar	enero
Februar	febrero
März	marzo
April	abril
Mai	mayo
Juni	junio
Juli	julio
August	agosto
September	septiembre
Oktober	octubre
November	noviembre
Dezember	diciembre

Jahreszeiten

Frühling	primavera
Sommer	verano
Herbst	otoño
Winter	invierno

Feiertage

Neujahr	Añonuevo
Dreikönigstag	los Reyes Magos, Epifanía
19. März	San José
Karfreitag	el Viernes Santo
Ostern	Pascua
1. Mai	Día del trabajo
Christi Himmelfahrt	la Ascensión
Pfingsten	Pentecostés
Fronleichnam	el Corpus
29. Juni	San Pedro y San Pablo
Maria Himmelfahrt (15. August)	La Asunción

Allerheiligen	Todos los Santos
8. Dezember	la Inmaculada (*Am* el día de la Virgen)
Weihnachten	Navidad
Heiliger Abend	Nochebuena
Sylvesterabend	Añoviejo

Datum und Alter — Fecha y edad

Den Wievielten haben wir heute?	¿Qué día es hoy?/¿A cuántos estamos?
Heute ist der 1. Mai.	Hoy es el uno/primero de mayo.
Morgen ist der 2. Mai.	Mañana es el dos de mayo.
Ich bin am 12. April 1938 geboren.	Nací el doce de abril de mil novecientos treinta y ocho.
Wie alt sind Sie?	¿Qué edad tiene usted?
Ich bin 39.	Tengo treinta y nueve años.
Kinder unter 10 Jahren	Niños menores de diez años.
Für Jugendliche unter 18 kein Zutritt.	Prohibida la entrada a menores de dieciocho años.

Beruf, Studium, Ausbildung — Profesión, estudio, formación profesional

Was machen Sie beruflich?	¿Qué profesión tiene usted?
Ich bin Arbeiter.	Soy obrero.
Ich bin Angestellter.	Soy empleado.
Ich bin Beamter.	Soy funcionario.
Ich bin Freiberufler.	Ejerzo una profesión libre.
Ich bin Rentner.	Estoy jubilado.
Ich arbeite bei ...	Trabajo en ...

Ich bin noch Schüler.	Todavía voy al colegio.
Ich bin Student.	Soy estudiante.
Wo/Was studieren Sie?	¿Dónde/Qué estudia usted?
Ich studiere in München.	Estudio ... en Munich.

Wortliste Berufe

Akademie	academia
Angestellter	empleado
Apotheker	farmacéutico
Arbeiter	obrero
Archäologie	arqueología
Architekt	arquitecto
-ur	arquitectura
Arzt	médico
Automechaniker	mecánico de coches
Bäcker	panadero
Beamter	funcionario del Estado
Bergmann	minero
Berufsschule	escuela profesional
Betriebswirtschaft	economía de empresas
Bibliothekar	bibliotecario
Bildhauer	el escultor
Biologie	biología
Briefträger	cartero
Buchhalter	el contable (*Am* el contador)
Buchhändler	librero
Chemie	química
Dolmetscher	el intérprete
Drogist	droguero
Eisenbahner	ferroviario
Elektriker	el electricista
Fahrlehrer	el profesor de auto-escuela
Fakultät	la facultad
Fischer	el pescador
Förster	el guarda forestal
Friseur	peluquero

Gärtner	jardinero
Geographie	geografía
Geologie	geología
Germanistik	germanística
Geschichte	historia
Glaser	vidriero
Handelsschule	escuela de comercio
Handwerker	artesano
Hausfrau	(el) ama de casa
Hebamme	comadrona
Hochschule	la universidad; escuela superior
Ingenieur	ingeniero
Installateur	fontanero, el instalador
Institut	instituto
Journalist	el periodista
Jura	derecho
Kaufmann (Einzelhändler; Geschäftsmann)	el comerciante
Kellner/in	camarero/camarera
Kindergärtnerin	maestra de párvulos *(Am)* maestra jardinera
Koch/Köchin	cocinero/cocinera
Konditor	pastelero
Kraftfahrer	el conductor, el chófer
Krankenschwester	enfermera
Künstler	el artista
Kunstgeschichte	historia del arte
Landwirt	el agricultor
Lehrer/in	maestro, el profesor/maestra, profesora
Lehrling	el aprendiz
Maler	el pintor
-ei	pintura
Maschinenbau	ingeniería mecánica
Mathematik	las matemáticas
Maurer	el albañil
Mechaniker	mecánico
Medizin	medicina
Metzger	carnicero
Musik	música
-er	músico

Notar	notario
Optiker	óptico
Pfarrer	párroco; el cura; el sacerdote
Physik	física
Polizist	el policía
Postbeamter	empleado de correos
Psychologie	psicología
Rechtsanwalt	abogado
Rentner	el rentista, jubilado, pensionado
Richter	el juez
Romanistik	(las lenguas) románicas
Schlosser	cerrajero
Schneider/in	el sastre/la modista
Schriftsteller/in	el escritor/la escritora
Schuhmacher	zapatero
Schule	escuela
Oberschule	escuela secundaria
Grundschule	escuela primaria
Gymnasium	instituto
Schüler	alumno, el colegial
Schülerin	alumna, colegiala
Student/in	el/la estudiante
Studienfach	asignatura, materia
Studium	estudio
Techniker	técnico
Technische Hochschule	Escuela Superior Técnica
Tierarzt	veterinario
Universität	la universidad
Vorlesungen	las clases

Zahlen	**Números**
0	cero
1	un, uno
2	dos
3	tres
4	cuatro
5	cinco
6	seis
7	siete
8	ocho
9	nueve
10	diez
11	once
12	doce
13	trece
14	catorce
15	quince
16	dieciséis
17	diecisiete
18	dieciocho
19	diecinueve
20	veinte
21	veintiuno, -a
22	veintidós
23	veintitrés
24	veinticuatro
25	veinticinco
26	veintiséis
27	veintisiete
28	veintiocho
29	veintinueve
30	treinta
31	treinta y uno
32	treinta y dos
40	cuarenta
50	cincuenta
60	sesenta
70	setenta
80	ochenta
90	noventa
100	cien, ciento
101	ciento uno, -a
200	doscientos, -as

300	trescientos, -as
500	quinientos, -as
1000	mil
2000	dos mil
3000	tres mil
10000	diez mil
100000	cien mil
1000000	un millón
1.	primero, primer
2.	segundo
3.	tercero, tercer
4.	cuarto
5.	quinto
6.	sexto
7.	séptimo
8.	octavo
9.	noveno
10.	décimo
½	medio
⅓	un tercio
¼	un cuarto
¾	tres cuartos
3,5 %	tres y medio por ciento
27 °C	veintisiete grados (sobre cero)
−5 °C	cinco grados bajo cero
1977	mil novecientos setenta y siete

2 Mit dem Auto unterwegs
En coche (*Am* en carro)

Auskunft

Información

Wie komme ich bitte nach ...?

¿Por favor, cómo se va a ...?

Können Sie mir das auf der Karte zeigen?

¿Me lo puede enseñar en el mapa?

Wie weit ist das?

¿A qué distancia está?

Bitte, ist das die Straße nach ...?

Perdón, señora/señorita/señor, ¿es ésta la carretera de ...?

Wie komme ich zur Autobahn nach ...?

¿Cómo se va a la autopista de ...?

Immer geradeaus bis ... Dann links/rechts abbiegen.

Todo seguido (*Am* derecho) hasta ... Tuerza (*Am* Doble) luego a la izquierda/derecha.

Sie sind hier falsch. Sie müssen zurückfahren bis ...

Se ha equivocado de camino. Tiene que volver hasta ...

An der Tankstelle

En la estación de servicio/gasolinera

Wo ist bitte die nächste Tankstelle?

¿Dónde está la estación de servicio más cercana, por favor?

Ich möchte ... Liter.
   Normalbenzin
   Super
   Diesel

... litros de
   gasolina normal (*Arg* nafta)
   súper
   diesel, por favor.

Super für 200 Peseten, bitte.

Doscientas pesetas de súper, por favor.

Voll, bitte.

Lleno, por favor.

Prüfen Sie bitte
   den Ölstand
   das Kühlwasser
   den Reifendruck.

¿Quiere comprobar
   el nivel del aceite
   el agua del radiador
   la presión de las ruedas?

Sehen Sie bitte auch den Reservereifen nach.

Controle también la rueda de repuesto, por favor.

Könnten Sie mir einen Ölwechsel machen?

¿Puede cambiarme el aceite?

Ich möchte bitte den Wagen waschen lassen.

¿Puede usted lavarme el coche (*Am* el carro)?

Ich möchte eine Straßenkarte dieser Gegend, bitte.

Quisiera un mapa de esta zona.

Parken

Aparcamiento

Ist hier in der Nähe eine Parkmöglichkeit?

Perdón, señora/señor, ¿hay por aquí cerca algún aparcamiento?

Ist der Parkplatz bewacht?

¿Es un estacionamiento vigilado?

Kann ich den Wagen hier abstellen?

¿Puedo dejar el coche (*Am* el carro) aquí?

Haben Sie noch einen Platz frei?

¿Hay todavía un aparcamiento libre?

● Wir sind leider voll besetzt.

Lo siento, está todo completo.

Wie lange kann ich hier parken?	¿Cuánto tiempo se puede aparcar aquí?

Wie hoch ist die Parkgebühr pro
  Stunde?
  Tag?
  Nacht?

¿Cuál es el precio del aparcamiento por
  una hora?
  un día?
  una noche?

Ist das Parkhaus die ganze Nacht geöffnet?

¿Está abierto el aparcamiento toda la noche?

Eine Panne

Una avería

Ich habe eine Panne.

Tengo una avería.

Würden Sie bitte den Pannendienst anrufen?

¿Podría usted llamar al servicio de ayuda en carretera?

Meine Autonummer ist ...

La matrícula de mi coche (*Am* carro) es ...

Würden Sie mir bitte einen Mechaniker/einen Abschleppwagen schikken?

¿Pueden ustedes enviarme un mecánico/un coche-grúa?

Könnten Sie mir mit Benzin aushelfen?

¿Podría usted darme un poco de gasolina, por favor?

Könnten Sie mir beim Reifenwechsel helfen?

¿Podría usted ayudarme a cambiar la rueda?

Würden Sie mich bis zur nächsten Werkstatt/Tankstelle abschleppen?

¿Puede usted remolcarme hasta el taller más próximo/la estación de servicio más próxima?

Verkehrszeichen

Denkmal

Schöne Aussicht

Hotel, Restaurant, „Parador"

Trinkwasser

Staatliches Hotel oder „Parador"

Kriechspur

Camping

Halt!

I. Parken verboten auf der rechten Straßenseite (in Fahrtrichtung) an ungeraden Tagen.

II. Parken verboten auf der linken Straßenseite (in Fahrtrichtung) an geraden Tagen.

Nationalstraße Nr. 110. Km 287

Hupen verboten

Hinweise und Informationen

accidente en cadena	Auffahrunfall
aduana	Zoll
alta tensión	Hochspannung
aparcamiento	Parkplatz
atención	Achtung
bajada peligrosa	Starkes Gefälle
calzada en mal estado	Schlechte Fahrbahn
callejón sin salida	Sackgasse
cambio de pista	Fahrbahn wechseln
cerrado al tráfico	Gesperrt für alle Fahrzeuge
circulación doble	Gegenverkehr
conducir por la derecha	Rechts fahren
congestión del tráfico	Verkehrsstau
cruce	Kreuzung
curva peligrosa	Gefährliche Kurve
choque	Zusammenstoß
dejar libre la salida	Ausfahrt freihalten
desembocadura de una calle	Straßeneinmündung
desviación	Umleitung
dirección única	Einbahnstraße
disco de estacionamiento limitado	Parkscheibe
disminuir la marcha	Langsamer fahren
embotellamiento	Verkehrsstau
escuela	Schule
estacionamiento	Parkplatz
estrechamiento de la calzada	Fahrbahnverengung
fin de la prohibición de estacionar	Ende des Parkverbots
garage-aparcamiento	Parkhaus
gravilla	Rollsplit
hospital	Krankenhaus

limitación de peso	Gewichtsgrenze
límite de velocidad	Geschwindigkeitsbegrenzung
niños	Schulkinder
obras	Straßenarbeiten
paso a nivel sin barrera	Unbeschrankter Bahnübergang
paso de peatones/de cebra	Zebrastreifen
paso subterráneo	Fußgängerunterführung
peligro	Gefahr
pista de bicicletas	Radweg
aparcamiento / *Am* playa de estacionamiento	Parkplatz
precaución	Vorsicht
principiante	Anfänger
prohibido adelantar	Überholen verboten
prohibido aparcar	Parken verboten
prohibido detenerse	Halten verboten
prohibido el tráfico	Gesperrt für alle Fahrzeuge
prohibido girar a la derecha	Rechtsabbiegen verboten
prohibida la entrada	Keine Einfahrt
prohibido virar	Wenden verboten
puente	Brücke
respetar la precedencia	Vorfahrt beachten
salida	Ausfahrt
salida de la autopista	Autobahnausfahrt
semáforo	Verkehrsampel
tomar la fila de la izquierda	Links einordnen
tráfico giratorio	Kreisverkehr
trayecto resbaladizo	Rutschgefahr
túnel	Tunnel
zona azul	Kurzparkzone
zona de peatones	Fußgängerzone

In der Werkstatt | En el taller de reparaciones

Wo ist hier in der Nähe eine Werkstatt?	Perdón, señor/señora/señorita, ¿hay algún taller por aquí cerca?
Mein Wagen springt nicht an.	Mi coche (*Am* carro) no arranca.
Können Sie mit mir kommen/mich abschleppen?	¿Puede usted venir conmigo/remolcarme?
Mit der Zündung/dem Motor stimmt was nicht.	La puesta en marcha/El motor no funciona bien.
Der Motor läuft heiß/zieht nicht.	El motor se calienta demasiado/no tira.
Die Kupplung rutscht.	El embrague patina.
Die Bremsen funktionieren nicht.	Los frenos no funcionan bien.
Die Batterie ist leer.	La batería está descargada.
Aus dem Getriebe tropft Öl.	La caja de cambio pierde aceite.
Können Sie mal nachsehen?	¿Puede usted mirar, por favor?
Wechseln Sie bitte die Zündkerzen aus.	Cambie las bujías, por favor.
Was habe ich dafür zu bezahlen?	¿Cuánto le debo?
Haben Sie Ersatzteile für diesen Wagen?	¿Tienen ustedes piezas de recambio para este coche (*Am* carro)?
Machen Sie bitte nur die nötigsten Reparaturen.	Haga sólo las reparaciones estrictamente necesarias.
Wann ist der Wagen fertig?	¿Cuándo estará arreglado el coche (*Am* el carro)?
Was wird es kosten?	¿Cuánto le debo?

Verkehrsunfall

Es ist ein Unfall passiert.

Rufen Sie bitte schnell
   einen Arzt
   die Polizei
   die Feuerwehr.

Können Sie sich um die Verletzten kümmern?

Haben Sie Verbandszeug?

Es war meine/Ihre Schuld.

Sie haben
   die Vorfahrt nicht beachtet.
   die Kurve geschnitten.
   die Fahrspur gewechselt ohne zu blinken.

Sie sind zu schnell gefahren.

Sie sind bei Rot über die Kreuzung.

Ich gebe Ihnen meine Anschrift und Versicherungsnummer.

Geben Sie mir bitte Ihren Namen und Ihre Anschrift/Ihre Versicherung an.

Können Sie für mich Zeuge sein?

Vielen Dank für Ihre Hilfe.

Un accidente de carretera

Ha habido un accidente.

Llame enseguida
   a un médico
   al control de policía
   a los bomberos.

¿Puede usted ocuparse de los heridos?

¿Tiene usted botiquín de urgencia?

Ha sido por mi culpa/por su culpa.

Usted
   no ha respetado la preferencia.

   ha cortado la curva.

   ha cambiado de carril sin poner el indicador de direccion.

Usted iba demasiado deprisa.

Usted ha pasado con el semáforo rojo.

Aquí tiene mi dirección y el número de la póliza del seguro.

¿Puede usted darme su nombre y dirección/el nombre y dirección de su compañía de seguros?

¿Estaría usted dispuesto (dispuesta) a declarar como testigo?

Muchas gracias por su ayuda.

Autovermietung

Alquiler de automóviles

Ich möchte einen Wagen mieten.

Quisiera alquilar un coche (*Am* un carro).

Wie hoch ist die Tages-/Wochenpauschale?

¿Qué tarifa se paga por un día/por una semana?

Wieviel verlangen Sie pro gefahrenen km?

¿Cuánto se paga por cada kilómetro de recorrido?

Wieviel muß ich als Kaution hinterlegen?

¿A cuánto asciende la fianza?

Darf ich Ihren Führerschein sehen?

¿Puedo ver su carnet de conducir?

Kann ich den Wagen gleich mitnehmen?

¿Puedo llevarme ahora mismo el coche (*Am* el carro)?

Fachwortliste Auto

abbiegen	torcer, (*Am*) doblar
abblend/en	bajar las luces
-licht	la luz de cruce
Abschleppdienst	servicio de remolque
abschmieren	engrasar
Achse	el eje
Hinter-	el eje trasero
Vorder-	el eje delantero
Anlasser	el motor de arranque
auskuppeln	desembragar
Auspuff	tubo/(*Am* caño) de escape
Auto/bahn	autopista
-fähre	el transbordador de automóviles
-karte	el mapa de carreteras
-reifen	neumático, rueda
Batterie	batería; las pilas
Benzin/kanister	el bidón/(*Am* el tanque) de gasolina
-pumpe	bomba de gasolina
blenden	deslumbrar, (*Am* encandilar)
Blinker	el intermitente
Brems/e	freno
-en	frenar
-belag	ferodo
-flüssigkeit	líquido de freno
-lichter	las luces de frenado
Dichtung	junta
Düse	tobera
Ersatz/rad	rueda de repuesto
-teile	piezas de repuesto
Fahr/gestell	el chasis
-spur	pista
Fehl/er	defecto
-zündung	encendido defectuoso
Fernlicht	la luz de carretera
Frostschutzmittel	el anticongelante
Führerschein	permiso/el carnet de conducir
Fußbremse	freno de pie
Gang	marcha, la velocidad
erster —	primera (marcha)

Leerlauf	punto muerto
Rückwärts-	marcha atrás
Gas geben	acelerar
Gaspedal	el acelerador
gebrochen	roto
Getriebe	caja de cambio
Handbremse	freno de mano
Hebel	palanca
Hinterrad	rueda trasera
-antrieb	la tracción trasera
Hupe	bocina, el claxon
Licht-	el avisador luminoso
Karosserie	carrocería
Keilriemen	correa trapezoidal, *(Am* correa en V)
Kofferraum	el portamaletas, (*Am* el baúl)
Kolben	el pistón
Kugellager	rodamiento a bolas
Kühl/er	el radiador
-wasser	el agua del radiador
Kupplung	el embrague
Kurbelwelle	el cigüeñal
Kurzschluß	cortocircuito
Lenkrad	el volante
Lichtmaschine	la dínamo
Luftpumpe	la bomba de aire
Motor	el motor
-haube	el capó, la capota
Nummernschild	(placa de) matrícula, (*Am* chapa del auto)
Öl	el aceite
-meßstab	varilla indicadora del nivel de aceite
-stand	el nivel del aceite
-wechsel	cambio de aceite
Rad	rueda
Reifen	neumático, rueda
-druck	la presión de las ruedas
schlauchloser —	neumático sin cámara
Reserverad	rueda de repuesto
Rück/licht	las luces traseras
-spiegel	el (espejo) retrovisor
Schalthebel	palanca de cambio

Scheiben/waschanlage	el lavaparabrisas
-wischer	el limpiaparabrisas
Scheinwerfer	faro
Schiebedach	techo corredizo
schmieren	engrasar
Schraube	tornillo
-nmutter	tuerca
-nschlüssel	la llave de tuercas
-nzieher	el destornillador
Sicherheitsgurt	el cinturón de seguridad
Standlicht	la luz de población/estacionamiento
Steckschlüssel	la llave de tubo
Stoß/dämpfer	el amortiguador
-stange	el parachoques, (*Am* el paragolpes)
Tachometer	el cuentakilómetros, velocímetro
Ventil	válvula
Vergaser	el carburador
Verteiler	delco, el distribruidor
Vorderrad	rueda delantera
-antrieb	la tracción delantera
Wagen/heber	gato, el alzacoches
-schlüssel	la llave del coche
-wäsche	lavado del coche
Warndreieck	la señal de situación de peligro, triángulo de peligro
Windschutzscheibe	el parabrisas
Winterreifen	neumáticos de invierno
Zünd/kerze	bujía
-schloß	cerradura de contacto
-schlüssel	la llave de encendido
-ung	encendido, *(Am)* la ignición
Zylinder	cilindro
-kopf	culata, tapa del cilindro

3 Reisen mit Bahn, Flugzeug oder Schiff
Viajes en tren, en avión o en barco

Im Reisebüro	**En la agencia de viajes**
Ich möchte einen Flug nach ... buchen.	Quisiera reservar un vuelo para ...
Wie sind die Flugverbindungen nach ...?	¿A qué hora hay vuelos para ...?
Sind noch Plätze frei?	¿Hay todavía plazas libres?
Gibt es auch Charterflüge?	¿Hay también vuelos chárter?
Was kostet der Flug Touristenklasse/erste Klasse?	¿Cuánto cuesta el vuelo en clase turista/en primera clase?
Wieviel Gepäck ist frei?	¿A cuántos kilos de equipaje da derecho el billete (*Am* el boleto)?
Was kostet das Kilo Übergewicht?	¿Cuánto se paga por cada kilo de exceso de peso?
Ich möchte diesen Flug **annullieren/umbuchen**.	Quisiera anular este vuelo/cambiar el vuelo.

Habe ich in ... Anschluß an die Fähre?	¿Hay enlace (*Am* combinación) con el transbordador (*Am* ferry-boat) en ...?
Ich möchte einen Schlafwagenplatz/Liegewagenplatz für den Zug um 20 Uhr nach ...	Quisiera un billete (*Am* boleto) para el coche-literas/el coche-cama (*Am* coche-dormitorio) en el tren de las ocho a ...
Gibt es einen Autoreisezug nach ...?	¿Hay un autotrén para ...?
Was kostet das für ein Auto mit vier Personen?	¿Cuánto se paga por un coche (*Am* carro) con cuatro personas?

Eisenbahn — Ferrocarril/tren

Auf dem Bahnhof — En la estación

Eine einfache Fahrt 2. Klasse/1. Klasse nach ... bitte.	Un billete (*Am* boleto) de segunda/de primera clase para ..., por favor.
Zweimal ... hin und zurück, bitte.	Dos billetes (*Am* boletos) de ida y vuelta a ..., por favor.
Gibt es verbilligte Wochenendkarten/Ausflugskarten?	¿Hay billetes (*Am* boletos) a precio reducido para fines de semana/para excursiones?
Gibt es eine Ermäßigung für kinderreiche Familien?	¿Hay descuento para familias numerosas?

Bitte eine Platzkarte für den Zug um ... Uhr nach ...	Una reserva de asiento para el tren de las ... a ..., por favor.
Ein Fensterplatz?	¿Un asiento junto a la ventanilla?
Wie teuer ist eine Schlafwagenkarte/Liegewagenkarte?	¿Cuánto cuesta un billete (*Am* boleto) para el coche-cama (*Am* coche-dormitorio)/coche-literas?
Ich möchte diesen Koffer als Reisegepäck aufgeben.	Quisiera facturar esta maleta (*Am* valija).
Wollen Sie Ihr Gepäck versichern?	¿Desea usted asegurar el equipaje?
Was kostet das?	¿Cuánto cuesta?
Geht das Gepäck mit dem ...-Uhr Zug ab?	¿Sale el equipaje con el tren de las ...?
Wann kommt es in ... an?	¿Cuándo llega a ...?
Hat der Zug von ... Verspätung?	¿Tiene retraso el tren de ...?
Wann habe ich Anschluß nach ...?	¿A qué hora hay enlace (*Am* combinación) para ...?
Wo muß ich umsteigen?	¿Dónde tengo que hacer transbordo?
Von welchem Gleis fährt der Zug nach ... ab?	¿De qué andén sale el tren para ...?
Der Zug aus ... fährt auf Gleis 1 ein.	El tren procedente de ... entra en el andén número uno.
Der Zug aus ... hat 10 Minuten Verspätung.	El tren procedente de ... tiene diez minutos de retraso.
Gleis 3, bitte einsteigen, der Zug nach ... fährt ab. Wir wünschen gute Reise.	¡Atención en el andén número tres! ¡Señores pasajeros, suban al tren, por favor! El tren con destino a ... parte dentro de breves momentos. ¡Buen viaje!

Hinweise und Informationen

Andén/Vía	Bahnsteig/Gleis
Caballeros	Herren
Consigna	Aufbewahrung
Consigna automática	Schließfächer
Despacho de billetes, *(Am)* **boletería**	Fahrkartenschalter
Horario	Fahrplan
Información	Auskunft
Jefe de estación	Stationsvorsteher
Llegada	Ankunft
Paso a los andenes	Zu den Bahnsteigen
Paso subterráneo	Unterführung
Refrescos	Erfrischungen
Sala de espera	Wartesaal
Salida	Abfahrt
Salida	Ausgang
Señoras	Damen
Servicio sanitario, *(Am)* **asistencia pública**	Sanitätsstelle
W. C. / Lavabos	Toiletten
Agua no potable	kein Trinkwasser
Coche-cama, *(Am)* **coche-dormitorio**	Schlafwagen
Coche-literas	Liegewagen
Coche-restaurante	Speisewagen
Freno de alarma	Notbremse
Fumadores	Raucher
Lavabo	Waschraum
Libre	Frei
No fumadores	Nichtraucher
Ocupado	Besetzt

Fundbüro

Oficina de objetos perdidos

Wo ist das Fundbüro, bitte?

Por favor, ¿dónde está la oficina de objetos perdidos?

Ich habe ... verloren.

He perdido ...

Ich habe meine Handschuhe im Zug vergessen.

He olvidado mis guantes en el tren.

Hier ist meine Hotelanschrift.

Aquí tiene la dirección de mi hotel.

Im Zug

En el tren

Verzeihung, ist dieser Platz frei?

Perdón, señora/señorita/señor, ¿está libre este asiento?

Können Sie mir bitte helfen?

¿Puede usted ayudarme, por favor?

Darf ich das Fenster öffnen/schließen?

¿Puedo abrir/cerrar la ventanilla, por favor?

Entschuldigen Sie, bitte. Dies ist ein Nichtraucherabteil.

Perdone, señor/señora/señorita, éste es un departamento (*Am* compartimiento) para no fumadores.

Entschuldigen Sie, das ist mein Platz. Ich habe eine Platzkarte.

Perdón, este sitio es el mío. Tengo reserva de asiento.

Die Fahrkarten, bitte.

¡Billetes (*Am* boletos), por favor!

Hält dieser Zug in ...?

¿Para este tren en ...?

Wann kommen wir in ... an?

¿Cuándo llegamos a ...?

Wo sind wir jetzt?

¿Dónde estamos ahora?

Wie lange haben wir hier Aufenthalt?

¿Cuánto tiempo paramos aquí?

Kommen wir pünktlich an?

¿Llegaremos puntuales?

Haben wir Verspätung?

¿Tenemos retraso?

Flugzeug   Avión

Am Flughafen

Wo ist der Schalter der ... Fluggesellschaft?

Wo ist der Informationsschalter/Warteraum?

Kann ich das als Handgepäck mitnehmen?

Hat die Maschine nach ... Verspätung?

Wieviel Verspätung hat sie?

Ist die Maschine aus ... schon gelandet?

- Letzter Aufruf. Die Passagiere nach ..., Flug-Nr. ... werden gebeten, sich zum Ausgang ... zu begeben.

An Bord

- Bitte das Rauchen einstellen! Anschnallen, bitte!

En el aeropuerto

¿Dónde está la facturación/el mostrador de la compañía ...?

¿Dónde está la oficina de información/la sala de espera?

¿Puedo llevar esto como equipaje de mano?

¿Tiene retraso el avión a ...?

¿Cuánto retraso tiene?

¿Ha aterrizado ya al avión de ...?

Última llamada. Rogamos a los señores pasajeros con destino a ..., vuelo número ..., que se dirijan a la salida ...

A bordo

¡Les rogamos apaguen sus cigarrillos! ¡Sujétense los cinturones de seguridad!

Wie hoch fliegen wir?	¿A qué altura volamos?
Wir fliegen auf einer durchschnittlichen Flughöhe von 8000 Metern.	Volamos a una altura media de ocho mil metros.
Was ist das für ein Fluß/See?	¿Qué río/lago es ése?
Was ist das für ein Gebirge?	¿Qué montaña es ésa?
Wo sind wir jetzt?	¿Dónde estamos ahora?
Wann landen wir in ...?	¿Cuándo aterrizamos en ...?
Wie ist das Wetter in ...?	¿Qué tiempo hace en ...?
Wir landen in etwa ... Minuten.	Aterrizaremos dentro de unos ... minutos.

Ankunft

Llegada

Ich finde mein Gepäck/meinen Koffer nicht.	No encuentro mi equipaje/mi maleta (*Am* valija).
Mein Gepäck ist verlorengegangen.	Mi equipaje se ha perdido.
Mein Koffer ist beschädigt worden.	Mi maleta (*Am* valija) está estropeada.
An wen kann ich mich wenden?	¿Dónde puedo reclamar?
Von wo fährt der Bus zum Air Terminal ab?	¿De dónde sale el autobús para la terminal?

Schiff Barco

Auskunft

Welche ist die beste Schiffsverbindung nach ...?

Wo/Wann fährt ...
  das nächste Schiff
  die nächste Fähre

  das nächste Motorboot
  der nächste Dampfer
nach ...?

Wie lange dauert die Überfahrt?

Welche Häfen werden angelaufen?

Wann legen wir in ... an?

Wie lange haben wir Aufenthalt in ..?

Ich möchte eine Schiffskarte nach ...
  1. Klasse
  Touristenklasse
  eine Einzelkabine
  eine Zweibettkabine

Información

Por favor, ¿para ir en barco a ...?

¿De dónde/Cuándo parte ...
  el próximo barco
  el próximo transbordador (*Am* ferry-boat)
  la próxima lancha

  el próximo vapor
para ...?

¿Cuánto dura la travesía?

¿En qué puertos hacemos escala?

¿Cuándo atracamos en ...?

¿Cuánto tiempo nos detenemos en ...?

Quisiera un pasaje para ...

  de primera clase
  de clase turista
  un camarote individual
  un camarote doble

Ich möchte eine Karte für die Rundfahrt um ... Uhr.	Quisiera un pasaje para la excursión de las ...

An Bord — A bordo

Bitte, ich suche Kabine Nr. ...	¿Puede decirme dónde está el camarote número ...?
Kann ich eine andere Kabine haben?	¿Me podrían dar otro camarote?
Wo ist mein Koffer/mein Gepäck?	¿Dónde está mi maleta (*Am* valija)/mi equipaje?
Wo ist der Speisesaal/der Aufenthaltsraum?	¿Dónde está el comedor/el salón?
Wann wird gegessen?	¿A qué hora se come?
Steward, bringen Sie mir bitte ...	Camarero, por favor, tráigame ...
Ich fühle mich nicht wohl.	No me siento bien.
Rufen Sie bitte den Schiffsarzt!	Haga el favor de llamar al médico.
Geben Sie mir bitte ein Mittel gegen Seekrankheit.	¿Puede usted darme un remedio contra el mareo?

Wortliste Reise

Abflug	partida, el despegue
Abteil	departamento, *(Am* compartimiento)
Anflug	llegada, el aterrizaje
Anhänger (am Koffer)	etiqueta
Anker	(el) ancla
anlegen in	hacer escala en
Anlegeplatz	embarcadero
Anschluß	el empalme
Anschnallgurt	el cinturón de seguridad
auslaufen	salir del puerto
ausschiffen	desembarcar
aussteigen	bajar
Auto/fähre	el transbordador
-reisezug	el autotrén
Backbord	(el) babor
Bahn/hof	la estación
-steigkarte	el billete de andén
Besatzung	la tripulación
Bettkarte	suplemento para coche-litera
Boje	boya
Bordfest	fiesta de a bordo
Buchung	reserva
Bug	proa
Chartermaschine	vuelo chárter
Deck	cubierta
Düsenmaschine	el reactor, el avión a reacción
D-Zug	el tren expreso
Eilzug	el tren directo
Eisenbahn	el ferrocarril, el tren
Fahr/plan	horario
-preis	precio del billete
-werk	el tren de aterrizaje
Flug	vuelo
-gast	pasajero
-gesellschaft	compañía aérea
-hafen	aeropuerto
-hafengebühr	los derechos de aeropuerto
-plan	horario (de vuelo)
-strecke	ruta (de vuelo)
-zeug	el avión

Gepäck	el equipaje
-aufbewahrung	consigna (de equipajes)
-schein	el talón, *(Am* boleto)
-schließfach	consigna automática
-träger	mozo, *(Am* changador)
-wagen	carrito portaequipajes
Handgepäck	el equipaje de mano
Heck	popa
Hubschrauber	helicóptero
Jacht	el yate
Kabine	cabina
Kai	el muelle
Kajüte	cabina
Kapitän	el capitán
Kinderfahrkarte(n)	el billete infantil, medio billete
Knoten	nudo
Kreuzfahrt	crucero
Kurs/buch	horario de trenes
-wagen	el vagón directo
Landausflug	la excursión
Landesteg	embarcadero
Leuchtturm	faro
Liegewagen	el coche-literas
Linienmaschine	el avión de línea
Lokomotive	locomotora
Luftkissenboot	el aerodeslizador
Mannschaft	la tripulación
Matrose	marinero
Not/ausgang	salida de emergencia
-landung	el aterrizaje forzoso
-rutsche	el tobogán de emergencia
Personenzug	el tren de viajeros/*(Am* de pasajeros)
Pilot	piloto
Platzkarte	el billete de reserva
Reise/tasche	bolsa de viaje
-ziel	destino
Rettungs/boot	el bote salvavidas
-ring	el salvavidas
Rollfeld	pista

Rück/fahrkarte	el billete de ida y vuelta
-flug	vuelo de regreso
Rundreisefahrschein	el billete circular
Sammelfahrschein	el billete colectivo
Schaffner	el revisor
Schiffsarzt	médico de bordo
Schlafwagenkarte	el billete de coche-cama
Schnellzug	el tren expreso
Schwimmweste	chaleco salvavidas
seekrank	mareado
Steuerbord	(el) estribor
Übergepäck	exceso de equipaje
Überseedampfer	transatlántico
Wartesaal	sala de espera
Waschraum	los lavabos
zollfreier Laden	venta libre de impuestos
Zuschlag	suplemento
Zwischenlandung	escala

4 An der Grenze — Zoll
En la frontera — Aduana

Paßkontrolle — **Control de pasaportes**

Ihren Paß, bitte!	Su pasaporte, por favor.
Ihr Paß ist abgelaufen.	Su pasaporte está caducado.
Haben Sie einen Impfschein?	¿Tiene usted un certificado de vacunación?

Ich bin gegen
  Pocken
  Cholera
  Gelbfieber
  Typhus
geimpft.
	Estoy vacunado contra
	  la viruela.
	  el cólera.
	  la fiebre amarilla.
	  el tifus.

Kann ich das Visum hier bekommen?	¿Puedo conseguir un visado (*Am* una visa) aquí mismo?
Haben Sie ein Visum?	¿Tiene usted un visado (*Am* una visa)?

Zollkontrolle / Aduana

- Haben Sie etwas zu verzollen?
  ¿Tiene usted algo que declarar?

  Nein, ich habe nur ein paar Geschenke.
  No, sólo tengo algunos regalos.

- Fahren Sie bitte rechts/links heran.
  Aparque aquí a la derecha/a la izquierda, por favor.

- Öffnen Sie bitte den Kofferraum/diesen Koffer.
  ¿Quiere abrir el portaequipajes (*Am* baúl)/esta maleta (*Am* valija), por favor?

  Muß ich das verzollen?
  ¿Hay que pagar derechos de aduana por esto?

  Wieviel Zoll muß ich bezahlen?
  ¿Cuánto son los derechos de aduana?

Wortliste

Beruf	la profesión
Bestimmungen	normas
Cholera	el cólera
Familien/name	el apellido
-stand	estado civil
ledig	soltero
verheiratet	casado
verwitwet	(Mann) viudo; (Frau) viuda
Führerschein	permiso de conducir
Geburts/datum	fecha de nacimiento
-name	el nombre de soltera
-ort	el lugar de nacimiento
Gelbfieber	la fiebre amarilla
Grenzübergang	frontera
gültig	válido
internationaler Impfpaß	certificado internacional de vacunación
Malaria	malaria
Nationalitätskennzeichen	placa de nacionalidad

Nummernschild	(placa de) matrícula
Paßkontrolle	el control de pasaportes
Personalausweis	el carnet de identidad
Pocken	viruela
Staatsangehörigkeit	la nacionalidad
Typhus	el tifus
Versicherungskarte	carta verde
Visum	visado, *(Am* visa)
Vorname	el nombre (de pila)
Wohnort	domicilio
Zoll	aduana
-amt	oficina de aduanas
-beamter	funcionario de aduanas
-frei	exento de derechos de aduana
-gebühren	los derechos de aduana
-kontrolle	el control de aduana
-pflichtig	sujeto a derechos de aduana

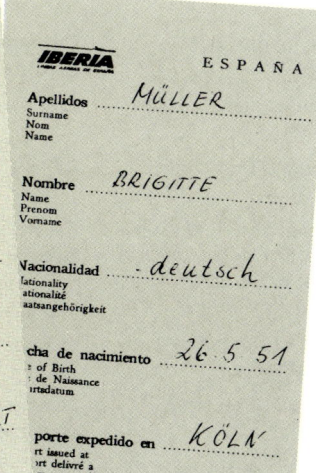

5 Bank — Geldwechsel
En el banco — Cambio

Wo ist die nächste Bank?	Por favor, ¿dónde está el banco más próximo?
Gibt es hier ein Wechselbüro?	¿Hay aquí una agencia de cambio?
Wann öffnet/schließt die Bank?	¿A qué hora abre/cierra el banco?
Ich möchte DM (Schilling, Schweizer Franken) in Peseten (Pesos) umwechseln.	Quisiera cambiar marcos (chelines, francos suizos) en pesetas (pesos).
Wie ist heute der Wechselkurs?	¿Cómo está hoy el cambio?
Wieviel Peseten bekomme ich für 100 DM?	¿Cuántas pesetas me dan hoy por cien marcos?
Ich möchte diesen Reisescheck/Euroscheck einlösen.	Quisiera cambiar este cheque de viaje/eurocheque.

Darf ich bitte Ihren Paß sehen?	¿Puede enseñarme su pasaporte, por favor?
Darf ich Ihren Ausweis sehen?	¿Puede enseñarme su carnet de identidad?
Würden Sie bitte hier unterschreiben?	¿Quiere firmar aquí, por favor?
Ist Geld für mich überwiesen worden?	¿Ha llegado un giro para mí?
Gehen Sie bitte zur Kasse.	Vaya a la caja, por favor.
Wie wollen Sie das Geld haben?	¿Cómo quiere el dinero?
Bitte nur Scheine.	En billetes, por favor.
Auch etwas Kleingeld.	En dinero suelto (*Am* sencillo), por favor.

Wortliste Bank

abheben	retirar
auszahlen	pagar
Bank/angestellter	empleado de banco
-konto	cuenta bancaria
Bargeld	dinero efectivo, moneda contante
Betrag	el importe, suma
Devisen	las divisas
einzahlen	ingresar, pagar
Eurocheck	el eurocheque
Formular	impreso, formulario
Geld	dinero
Kleingeld	cambio, moneda
-schein	el billete (de banco)
-wechsel	cambio
D-Mark	marco alemán
Schilling	el chelín austríaco
Schweizer Franken	el franco suizo

Kasse	caja
Konto	cuenta
Kreditbrief	carta de crédito
Kreditkarte	tarjeta de crédito
Kurs	(tipo de) cambio
Münze	moneda
Provision	los derechos del banco
Quittung	recibo
Reisescheck	el cheque de viaje
Schalter	la ventanilla, *(Am* boletería)
Scheck	el cheque
einen — ausstellen	extender, librar un cheque
einen — einlösen	pagar, saldar un cheque
-buch	talonario de cheques
-karte	tarjeta (de cheques)
Sparbuch	libreta de ahorro
Sparkasse	caja de ahorros
telegrafisch	telegráfico
Überweisung	giro
umwechseln	cambiar
unterschreiben	firmar
Unterschrift	firma
Währung	moneda
Wechselkurs	(tipo de) cambio
zahlen	pagar
Zahlung	pago

6 Unterkunft
Alojamiento

Auskunft

Información

Können Sie mir bitte ... empfehlen?
   ein gutes Hotel
   ein einfaches Hotel
   eine Pension

Perdón, señor/señora/señorita, ¿podría usted indicarme
   un buen hotel?
   un hotel barato?
   una pensión?

Ist es ruhig/zentral gelegen?

¿Es tranquilo/céntrico?

Was wird eine Übernachtung etwa kosten?

¿Sabe usted cuánto costará aproximadamente una habitación?

Ist es weit von hier?

¿Está lejos de aquí?

Wie komme ich am besten hin?

¿Cuál es el mejor camino para ir allí?

Gibt es hier eine Jugendherberge/einen Campingplatz?

¿Hay por aquí un albergue juvenil/un cámping?

An der Rezeption

Haben Sie noch Zimmer frei?

● Nein, wir sind leider ganz belegt.

Würden Sie bitte ein anderes Hotel anrufen und fragen, ob dort noch etwas frei ist?

● Ja, was für ein Zimmer wünschen Sie?
  ein Einzelzimmer
  ein Zweibettzimmer
  ein ruhiges Zimmer

● mit Dusche
● mit Bad
● mit Balkon
● mit Blick aufs Meer
● straßenseitig gelegen
● hofseitig gelegen

Kann ich das Zimmer ansehen?

Dieses Zimmer gefällt mir nicht. Zeigen Sie mir ein anderes.

Dieses Zimmer ist sehr hübsch. Ich nehme es.

Was kostet das Zimmer mit
  Frühstück?
  Halbpension?
  Vollpension?

Ist alles inklusive?

Gibt es eine Ermäßigung für Kinder?

● Wollen Sie bitte den Anmeldeschein ausfüllen?

En la recepción

¿Tienen ustedes habitaciones libres?

Lo siento, señor/señora/señorita, está todo ocupado.

¿Podría usted llamar a otro hotel y preguntar si tienen alguna habitación libre?

Sí, ¿qué clase de habitación desea usted?
  una habitación individual
  una habitación doble
  una habitación tranquila
con ducha
con baño
con balcón
con vistas al mar
que dé a la calle
que dé al patio

¿Podría ver la habitación?

Esta habitación no me gusta. Haga el favor de enseñarme otra.

Esta habitación es muy bonita. Me quedo con ella.

¿Cuánto cuesta la habitación con

  desayuno?
  media pensión?
  pensión completa?

¿Está todo incluido?

¿Hacen ustedes descuento para niños?

¿Quiere hacer el favor de rellenar el formulario de inscripción?

Parador Nacional „Vía de la Plata"-Mérida (Badajoz)

Parador Nacional „Rey Fernando II"-Benavente (Zamora)

Hinweise und Informationen

Comedor	No molestar, por favor
Speisesaal	Bitte nicht stören
Completo	**Se alquilan pisos**
Belegt	Wohnungen zu vermieten

- Darf ich Ihren Reisepaß/Personalausweis sehen?

  ¿Puedo ver su pasaporte/carnet de identidad?

  Bitte lassen Sie das Gepäck auf mein Zimmer bringen.

  ¿Pueden llevar el equipaje a mi habitación?

  Wo kann ich den Wagen abstellen?

  ¿Dónde puedo aparcar el coche?

- In unserer Garage
  Auf unserem Parkplatz

  En nuestro garage.
  En nuestro estacionamiento.

Gespräche mit dem Hotelpersonal

Con el personal del hotel

Wo ist der
  Speisesaal?
  Aufzug?
  das Bad?

¿Dónde está
  el comedor?
  el ascensor?
  el baño?

Schicken Sie mir bitte das Frühstück um ... Uhr aufs Zimmer.

Por favor, lléveme el desayuno a la habitación a las ...

Wo kann man frühstükken?

¿Dónde se desayuna?

Zum Frühstück nehme ich
  Tee mit Milch/Zitrone

Para el desayuno tomo
  té con leche/limón

Kaffee mit Milch	café con leche
Schokolade	chocolate
einen Fruchtsaft	un zumo de fruta
ein weiches Ei	un huevo pasado por agua
ein Hörnchen	un croissant (*Am* una media luna)
in Öl gebackene Kringel	churros
Butter	mantequilla (*Am* manteca)
Käse	queso
Honig	miel
Marmelade	mermelada

Hat das Hotel ein Schwimmbad/einen eigenen Strand? ¿Tiene el hotel una piscina/una playa propia?

Wecken Sie mich bitte morgen früh um ... Uhr. Haga el favor de despertarme mañana a las ...

Würden Sie mir bitte ... bringen? Haga el favor de traerme
  noch ein Handtuch — otra toalla.
  ein Stück Seife — una pastilla de jabón.
  einige Kleiderbügel — unas perchas.
  eine Wolldecke — una manta de lana.
  ein Kissen — una almohada.

Bitte meinen Schlüssel. Mi llave, por favor.

Hat jemand nach mir gefragt? ¿Ha preguntado alguien por mí?

Ist Post für mich da? ¿Hay cartas para mí?

Haben Sie Ansichtskarten/Briefmarken? ¿Tienen ustedes postales/sellos (*Am* estampillas)?

Wo kann ich diesen Brief einwerfen? ¿Dónde puedo echar esta carta?

Wo kann ich telefonieren? ¿Dónde se puede llamar por teléfono?

Ich möchte dieses Telegramm aufgeben. Quisiera enviar este telegrama.

Kann ich meine Sachen hier lassen, bis ich wiederkomme? ¿Puedo dejar aquí mis cosas hasta que vuelva?

Beanstandungen | Reclamaciones

Das Zimmer ist nicht gereinigt worden. | La habitación no está limpia.

Die Dusche | La ducha
Die Spülung | El agua del wáter
Die Heizung | La calefacción
Das Licht | La luz
Das Radio | La radio
Der Fernseher | El televisor
funktioniert nicht. | no funciona.

Der Wasserhahn tropft. | El grifo del agua gotea.

Es kommt kein (warmes) Wasser. | No sale agua (caliente).

Die Toilette/das Waschbecken ist verstopft. | El wáter/el lavabo está atascado (*Am* tapado).

Das Fenster schließt nicht/geht nicht auf. | La ventana no se puede cerrar/abrir.

Der Schlüssel paßt nicht. | La llave no va.

Abreise | Partida

Ich reise heute abend/morgen um ... Uhr ab. | Me marcho esta tarde/mañana a las ...

Bis wann muß ich das Zimmer räumen? | ¿A qué hora tengo que dejar libre la habitación?

Machen Sie bitte die Rechnung fertig. | Prepáreme la cuenta, por favor.

Getrennte Rechnungen, bitte. | Facturas separadas, por favor.

Die Rechnung stimmt nicht. | La factura está equivocada.

Nehmen Sie deutsches Geld/Euroschecks? | ¿Aceptan ustedes dinero alemán/eurocheques?

Bitte senden Sie meine Post an diese Adresse nach.	Haga el favor de mandarme las cartas a esta dirección.
Lassen Sie bitte mein Gepäck herunterbringen.	¿Pueden bajar mis maletas (*Am* valijas), por favor?
Lassen Sie bitte mein Gepäck zum Bahnhof/ zum Air Terminal bringen.	¿Pueden llevar mi equipaje a la estación/a la terminal?
Rufen Sie mir bitte ein Taxi.	¿Puede pedirme un taxi, por favor?
Ich reise mit dem Zug um ... Uhr nach ...	Salgo en el tren de las ... para ...
Vielen Dank für alles. Auf Wiedersehen.	Muchas gracias por todo. Adiós.

Camping

En el cámping

Gibt es in der Nähe einen Campingplatz?	¿Hay por aquí cerca un cámping?
Wie kommt man hin?	¿Puede usted indicarme el camino?
Könnten Sie mir bitte den Weg auf der Karte zeigen?	¿Podría indicarme el camino en el mapa?
Haben Sie noch Platz für einen Wohnwagen/ ein Zelt?	¿Tienen ustedes sitio para un coche--vivienda (*Am* una casa rodante)/una tienda (*Am* una carpa)?
Wie hoch ist die Gebühr pro Tag und Person?	¿Cuánto cuesta por día y por persona?
Wie hoch ist die Gebühr für	¿Cuánto se paga por
das Auto?	un coche (*Am* un carro)?
den Wohnwagen?	un coche-vivienda (*Am* una casa rodante)?
das Zelt?	una tienda (*Am* una carpa)?

Laredo-Santander *(Castilla la Vieja)*

Salou *(Tarragona)*

Vermieten Sie Ferienhäuser/Wohnwagen?	¿Alquilan aquí bungalows/coches-vivienda?
Wo kann ich meinen Wohnwagen aufstellen/mein Zelt aufschlagen?	¿Dónde puedo poner el coche-vivienda/montar la tienda?
Wir bleiben ... Tage/Wochen.	Pensamos quedarnos ... días/semanas.
Gibt es hier ein Lebensmittelgeschäft?	¿Hay aquí una tienda de comestibles?

Wo sind die
  Toiletten?
  Waschräume?
  Duschen?
  Abfallbehälter?
	¿Dónde están
	  los servicios?
	  los lavabos?
	  las duchas?
	  los cubos de la basura (*Arg* los tachos)?

Gibt es hier Stromanschluß?	¿Hay aquí corriente eléctrica?
Haben Sie 220 oder 110 Volt?	¿Tienen ustedes doscientos veinte o ciento diez voltios?
Wo kann ich Gasflaschen umtauschen/ausleihen?	¿Dónde puedo cambiar/alquilar botellas de butano (*Am* garrafas de gas)?
Ist der Campingplatz bei Nacht bewacht?	¿Está el cámping vigilado por la noche?
Gibt es hier einen Kinderspielplatz?	¿Hay aquí parque infantil?
Können Sie mir bitte ... leihen?	¿Me puede prestar ...?

Wortliste Unterkunft

Anmeldung	la recepción
Apartment	apartamento, *(Am* departamento)
Aschenbecher	cenicero
Aufzug	el ascensor

Badezimmer	cuarto de baño
Balkon	el balcón
Bett	cama
-decke	colcha; (wollene) manta
-laken	sábana
-wäsche	ropa de cama
Kinderbett	cama de niño
Kopfkissen	almohada
Campingausweis	el carnet de cámping
-führer	guía de cámping
Dusche	ducha
Eimer	cubo, *(Am* el balde)
Etage	piso
Fenster	ventana
Gas/flasche	bombona/*(Am* garrafa) de gas
-kocher	horno de gas
Halbpension	media pensión
Handtuch	toalla
Hausschlüssel	la llave de casa
Heizung	la calefacción
Kanister	el bidón, *(Am* el tanque)
Kategorie	categoría
Kinderspielplatz	el parque de recreo infantil
Kleiderbügel	percha
Klimaanlage	el aire acondicionado
Koch/er	hornillo, horno
-stelle	cocina, horno
Kost und Logis	comida y alojamiento
Kühl/schrank	nevera
-tasche	la bolsa-frigorífico
Lampe	lámpara
Lebensmittelgeschäft	tienda de comestibles, *(Am* el almacén)
Leihgebühr	(derechos de) alquiler
Lichtschalter	el interruptor; la llave de la luz
Luftmatratze	el colchón neumático
Miete	el alquiler
Mitgliedskarte	tarjeta/el carnet de socio

Motel	el motel
Nachttisch	mesita de noche
-lampe	lámpara de mesa de noche
Propangas	el gas propano/butano
Schlafsack	saco de dormir
Schlüssel	la llave
Schrank	armario
Sessel	el sillón
Spiegel	espejo
Spirituskocher	hornillo de alcohol
Steckdose	(caja de) el enchufe
Stecker	clavija de enchufe
Strom	la corriente, la electricidad
Strom/anschluß	toma de corriente
-spannung	el voltaje
Terrasse	terraza
Toilette	los servicios, baño
Toilettenpapier	el papel higiénico
Trinkwasser	agua potable
Übernachtung	alojamiento
Verlängerungs/schnur	el cordón/el cable de empalme
-woche	la semana suplementaria
vermieten	alquilar
Vollpension	la pensión completa
Vorhang	cortina
Wasch/becken	lavabo
-raum	lavabo
Wasser	(el) agua
-glas	vaso de agua
-hahn	grifo, *(Am* canilla)
kaltes —	(el) agua fría
warmes —	(el) agua caliente
Wohn/ung	vivienda, piso, *(Am* departamento)
-wagen	caravana, el coche vivienda
Zelt	tienda de campaña, *(Am* carpa)
zelten	acampar, hacer cámping
Zentralheizung	la calefacción central
Zimmer	la habitación, *(Am* pieza)
Zwischenstecker	el enchufe intermedio

7 Essen und Trinken
Comidas y bebidas

Im Restaurant	**En el restaurante**
Wo gibt es hier	Perdón, señora/señorita/señor, ¿hay por aquí cerca
ein gutes Restaurant?	un buen restaurante?
ein typisches Restaurant?	un restaurante típico?
ein nicht zu teures Restaurant?	un restaurante no demasiado caro?
Wo kann man hier in der Nähe gut essen?	¿Dónde se puede comer bien por aquí cerca?
Ist dieser Tisch/Platz noch frei?	¿Está libre esta mesa/este asiento?
Einen Tisch für 2/3 Personen, bitte.	Una mesa para dos/tres personas, por favor.
Reservieren Sie uns bitte für heute abend einen Tisch für 4 Personen.	¿Puede reservarnos para esta noche una mesa para cuatro personas?

Bestellung

Pedido

Herr Ober, die Speisekarte/Weinkarte, bitte.

Camarero (*Am* mozo), ¿me trae por favor la carta (*Am* el menú)/la lista de vinos y licores?

Was können Sie mir empfehlen?

¿Qué me recomienda usted?

Geben Sie auch halbe Portionen für Kinder?

¿Tienen ustedes también platos especiales para niños?

Ich nehme ...

Yo tomo ...

Bitte bringen Sie uns ...

Tráiganos ..., por favor.

Dauert es lange? Wir haben es eilig.

¿Tardará mucho? Tenemos prisa.

Wie möchten Sie Ihr Steak haben?
  gut durch
  halbdurch
  englisch

¿Cómo desea usted el filete?
  bien pasado
  poco pasado
  a la inglesa.

Als Vorspeise/Nachspeise nehme ich ...

De entremeses/De postre tomo ...

Was wollen Sie trinken?

¿Qué desea usted beber (*Am* tomar)?

Bitte ein Glas/eine Flasche ...

Un vaso/una botella de ..., por favor.

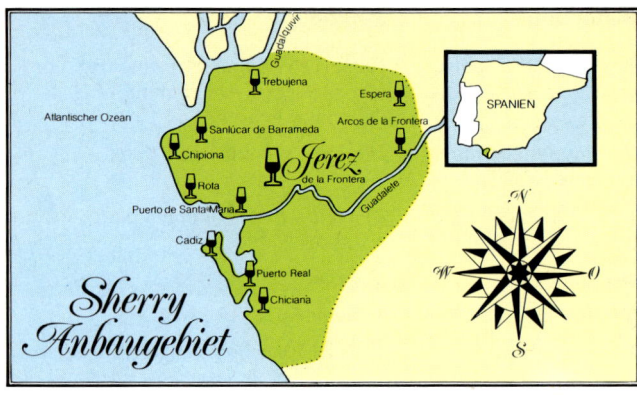

Beanstandungen	**Reclamaciones**

Hier fehlt ...
   ein Messer.
   eine Gabel.
   ein Löffel.
   ein Teller.
   ein Glas.

Aquí falta ...
   un cuchillo.
   un tenedor.
   una cuchara.
   un plato.
   un vaso.

Das habe ich nicht bestellt.

Yo no he pedido esto.

Das Essen ist kalt/versalzen.

La comida está fría/salada.

Das Fleisch ist zäh/zu fett.

La carne está dura/tiene demasiada grasa.

Der Fisch ist nicht frisch.

Este pescado no es fresco.

Nehmen Sie es bitte zurück.

Lléveselo, por favor.

In allen spanischen Restaurants steht den Gästen ein „Beschwerdebuch" (libro de reclamaciones) zur Verfügung, das regelmäßig von der Touristenbehörde kontrolliert wird. Dort kann sich der Gast schriftlich beschweren bzw. das Restaurant loben.

Die Rechnung — La cuenta

Bezahlen, bitte.	¡La cuenta, por favor!
Bitte alles zusammen/getrennte Rechnung.	Todo junto/Cuentas separadas, por favor.
Ist die Bedienung inklusive?	¿El servicio está incluido?
Das scheint mir nicht zu stimmen.	Me parece que aquí hay un error.
Das habe ich nicht gehabt. Ich hatte ...	Esto no me lo ha servido. Yo tenía ...
Das ist für Sie.	Para usted.
Das Essen war ausgezeichnet.	La comida estaba estupenda.

Wortliste Essen

Abendessen	cena; *Am* comida
anmachen (Salat)	aliñar, preparar
Aschenbecher	cenicero
bedienen, sich	servirse
Besteck	los cubiertos
Brot	el pan
Brotkorb	cesta del pan
Dosenöffner	el abrelatas
durchgebraten	bien asado
Eierbecher	huevera
entkorken	descorchar
Essig	el vinagre
Essig- und Ölständer	las vinagreras

Bedienungsgeld ist in allen spanischen Restaurants und Hotels inbegriffen. Trotzdem ist es üblich, ein Trinkgeld zwischen 5 % und 10 % zu geben.

fett	graso, gordo
Flaschenöffner	el abrebotellas
frisch	fresco
Frühstück	desayuno
Füllung	relleno
Gabel	el tenedor
Gang	plato
gar	en su punto, bien cocido/asado
gebacken	frito
gebraten	asado
am Spieß	en el asador
vom Grill	a la parrilla
in der Pfanne	en la sartén
gedämpft	rehogado, al vapor
gedünstet	al vapor
gefüllt	relleno
gekocht	cocido
geräuchert	ahumado
geröstet	tostado
Geschmack	el sabor
Gewürz	especia, condimento
Gräte	espina
Gurke	pepino
hungrig sein	tener hambre
Kaffeekanne	cafetera
Kapern	alcaparra
Karaffe	garrafa
Kellner/in	camarero/camarera
Knoblauch	ajo
Knochen	hueso
kochen	cocer; (Wasser) hervir
Korkenzieher	el sacacorchos
Krug	jarra, jarro
Löffel	cuchara
Teelöffel	cucharilla de té
Lorbeer	el laurel
mager	magro
Mayonnaise	mayonesa
Messer	cuchillo
Mittagessen	comida, almuerzo
Muskatnuß	la nuez moscada

Nelken	clavo
Ober	camarero
Öl	el aceite
Oliven	las aceitunas
Petersilie	el perejil
Pfeffer	pimienta
Pilze	setas, hongos
Portion	la ración
roh	crudo
Rost	parrilla
saftig	jugoso
Salz	la sal
sauer	agrio
scharf	picante
Scheibe	(Brot) rebanada; (Fleisch) tajada; (Wurst) rodaja
schmackhaft	sabroso
Schonkost	dieta
Schüssel	la fuente
Senf	mostaza
Serviette	servilleta
Soße	salsa
Speise	plato, comida
Suppenteller	plato de sopa
süß	dulce
Tablett	bandeja
Tagesgericht	plato/el menú del día
Tasse	taza
Teekanne	tetera
Tischtuch	el mantel
Touristenmenu	el menú turístico
Untertasse	plato pequeño
weich	blando
würzen	sazonar
zäh	duro
Zahnstocher	palillo de dientes
zart	tierno
Zitrone	el limón
Zuckerdose	azucarero
Zwiebel	cebolla

Bezeichnung spanischer Gaststätten

café entspricht etwa dem deutschen Café, es verschwindet aber allmählich und wird durch cafeterías ersetzt. Dort kann man Kaffee, Erfrischungen oder auch Alkohol trinken, Kuchen werden aber nicht immer angeboten.

bar / cafetería ist ein Lokal, in dem man an der Theke oder an einem Tisch oder auf der Terrasse Getränke aller Art sowie Sandwiches, Vorspeisen und einige Gerichte bekommt.

taberna ist ein kleineres Lokal, wo man hauptsächlich Wein, aber auch andere Getränke trinken und kaufen kann.

(café-)restaurante ist ein größeres Lokal, in dem man trinken und zu Mittag oder zu Abend essen kann.

Menú
Speisekarte

Menú turistico

1. Sopa de fideos
   Escalope de ternera
   Flan o café

   Nudelsuppe
   Kalbsschnitzel
   Karamelpudding oder Kaffee

2. Consomé
   Chuleta de ternera
   con patatas y guisantes
   Postre (flan o fruta del tiempo) o café

   Kraftbrühe
   Kalbskotelett mit Kartoffeln
   und Erbsen
   Nachspeise (Karamelpudding
   oder Obst nach Jahreszeit)
   oder Kaffee

3. Gazpacho

   Pechuga de pollo o
   Merluza
   Fruta del tiempo

   Kalte Suppe aus Tomate, Paprikaschote, Apfel, Öl, Essig, usw.
   Hühnerbrust oder
   Seehecht
   Obst nach Jahreszeit

Alle Restaurants sind in Spanien verpflichtet, wenigstens ein "menú turístico" zu festen und von der Behörde genehmigten Preisen zu führen.

Entremeses

aceitunas
Oliven

alcachofas
Artischocken

almejas
Miesmuscheln

boquerones
Sardellen

calamares a la romana
panierte Tintenfischringe

cangrejos
Krebse

caracoles
Schnecken

croquetas
Kroketten

chorizo
Paprikawurst

embutido
Wurst

Vorspeisen

ensaladilla rusa
russische Eier

fiambre
Aufschnitt

gambas
Krabben

gambas al ajillo
Krabben mit Knoblauch

gambas a la plancha
geröstete Krabben

jamón serrano
roher Schinken

jamón (de) york
gekochter Schinken

mejillones
Miesmuscheln

salchichón
spanische Salami

sardinas
Sardinen

Sopas

caldo
Bouillon

consomé
Kraftbrühe

crema de espárragos
Spargelsuppe

gazpacho
kalte Suppe aus Tomate, Paprikaschote, Apfel, Öl, Essig, usw.

Suppen

sopa de ajo
Knoblauch-Brotsuppe

sopa de arroz
Reissuppe

sopa de fideos
Nudelsuppe

sopa de pescado
Fischsuppe

sopa de verduras (juliana, jardinera)
Gemüsesuppe

Pescados

Fisch

anguila
Aal

angulas
Glasaal

arenque
Hering

atún
Thunfisch

bacalao
Stockfisch

besugo
Seebrasse

bonito
Thunfisch

calamares
Tintenfisch

carpa
Karpfen

centollo
Seespinne

cigalas
Kronenhummer

gambas
Krabben

langosta
Languste

langostinos
Riesengarnelen

lenguado
Seezunge

merluza
Seehecht

paella
Reisgericht mit Meeresfrüchten (s. auch unter „Fleisch")

parrillada de pescado
Fisch-Grillplatte

pescadilla
junger Seehecht

pescado a la marinera
in Tomatensoße mit Petersilie gedämpfter Fisch

pulpo
großer Tintenfisch

salmón
Lachs

trucha
Forelle

zarzuela de mariscos
Gericht aus Schalentieren

Carne y Aves — Fleisch und Geflügel

asado
Braten

bistec
Beefsteak

callos
Kutteln

carne picada
Hackfleisch

carne de vaca
Rindfleisch

cerdo
Schwein

cocido
Eintopf mit Fleisch, Kichererbsen, Gemüse, Kartoffeln, usw.

cochinillo
Spanferkel

conejo
Kaninchen

cordero
Hammel

cordero lechal
Lamm

chuleta (*Am* costeleta)
Kotelett

empanada
Pastete

escalope
Schnitzel

estofado
Schmorbraten

faisán
Fasan

filete
Filet, Lendenstück

guisado
Gulasch

hígado
Leber

lengua
Zunge

liebre
Hase

lomo
Lende

paella
Reisgericht mit Fleisch, Wurst, Gemüse usw. (s. auch unter „Fisch")

pavo
Truthahn, Puter

pechuga de pollo
Hühnerbrust

perdiz
Rebhuhn

pichón
junge Taube

pollo
Hähnchen

riñones
Nieren

rosbif
Rostbeef

sesos
Hirn

solomillo
Filet, Lendenstück

ternera
Kalb

Ensalada y Verduras

acelgas
Mangold

alcachofas
Artischocken

berenjenas
Auberginen

cebollas
Zwiebeln

col de Bruselas
Rosenkohl

coliflor
Blumenkohl

ensalada variada (mixta)
gemischter Salat

ensalada del tiempo
Salat der Saison

escarola
Endivie(nsalat)

espárragos
Spargel

garbanzos
Kichererbsen

guisantes
Erbsen

Salat und Gemüse

judías blancas (alubias)
weiße Bohnen

judías verdes
grüne Bohnen

lechuga
Kopfsalat

lentejas
Linsen

patatas (*Am* papas)
Kartoffeln

patatas (*Am* papas) fritas
Pommes frites

pepino
Gurke

pimiento
Paprikaschote

pisto (manchego)
*geschmorte Paprikaschote,
Tomate usw. (mit Kürbis)*

setas
Pilze

tomate
Tomate

zanahorias
Karotten

Huevos

huevos al plato
Setzeier

huevos duros
hartgekochte Eier

huevos fritos
Spiegeleier

huevos pasados por agua
weichgekochte Eier

Eier

huevos revueltos
Rühreier

tortilla (a la) española
Omelett mit Kartoffeln (und Zwiebeln)

tortilla (a la) francesa
einfaches Omelett

Postres, queso y fruta

albaricoques (*Am* damascos)
Aprikosen

cerezas
Kirschen

ciruelas
Pflaumen

compota
Kompott

flan
Karamelpudding

fresas (*Am* frutillas)
Erdbeeren

higos
Feigen

macedonia de frutas
Obstsalat

mandarina
Mandarine

Nachspeisen, Käse und Obst

manzana
Apfel

melocotón (*Am* durazno)
Pfirsich

melón
Melone

naranja
Apfelsine

natillas
Cremespeise

pera
Birne

piña (*Am* ananás)
Ananas

plátano (*Am* banana)
Banane

queso de cabra
Ziegenkäse

"Mancha"-Käse: Schafskäse aus der "Mancha", dem südöstlichen Teil der kastilischen Hochebene.

queso (de) Gruyère
Emmentaler Käse

queso manchego
„Mancha"-Käse

queso de oveja
Schafkäse

sandía
Wassermelone

tarta
Torte

toronja
Pampelmuse

uvas
Weintrauben

Algunos vinos típicos españoles:

Einige typische spanische Weine:

Cariñena
herber Tischwein

Chacolí
herber Aperitif

Jerez dulce (oloroso)
süßer Sherry

Málaga
sehr süßer Dessertwein

Manzanilla
herber Weißwein

Montilla
herber Aperitif

Moriles
herber Weißwein

Moscatel
Muskateller

Priorato
herber Rot- oder Weißwein (aus Katalonien)

Ribeiro
herber Rotwein (Tischwein aus Galicien)

Rioja
herber Rot- und Weißwein (aus Nordkastilien)

Sangría
Rotweinbowle (mit Früchten)

Valdepeñas
herber Rot- und Weißwein (aus Südkastilien)

Otras bebidas alcohólicas
Weitere alkoholische Getränke

aguardiente
Schnaps

anís
Anis

caña de cerveza
Bier (kleines Glas)

cerveza de barril
Bier vom Faß

champán, champaña
Sekt

coñac
Kognak

cuba libre
Cola mit Rum

ginebra
Gin

licor
Likör

sidra
Apfelwein

Bebidas no alcohólicas
Alkoholfreie Getränke

agua mineral
Mineralwasser

batido
Milchmixgetränk

cacao
Kakao

café solo
Espresso

café con leche
Kaffee mit Milch

(café) cortado
Espresso mit wenig Milch

(café) descafeinado
koffeinfreier Kaffee

gaseosa
Mineralwasser mit Geschmack

horchata
Erdmandelmilch

leche
Milch

limonada
Zitronenlimonade

naranjada
Orangeade

soda, (agua de) sifón
Soda

té
Tee

Sidra wird besonders in Asturien (Nordspanien) getrunken. Sidra ist ein Schaumwein aus Äpfeln, der aber einen geringeren Alkoholgehalt (5—7 %) und einen weniger sauren Geschmack hat als der deutsche Apfelwein.

(agua) tónica
Tonicwasser

zumo de fruta
Fruchtsaft

zumo de limón, limón natural
Zitronensaft

zumo de naranja
Orangensaft

Dulces

bombón
Praline

chocolate
Schokolade

dulces
Süßigkeiten

galletas
Kekse

nata
Sahne

nata batida
Schlagsahne

pastas, pasteles
Gebäck

Helados

café helado
Eiskaffee

copa de helado
Eisbecher

copa de helado con frutas
Eisbecher mit Früchten

helado
Eis

helado de chocolate
Schokoladeneis

Gebäck

pastelillos de crema
Cremeschnitte

tarta
Torte

tarta de crema
Buttercremetorte

tarta helada
Eistorte

tarta de frutas
Obstkuchen

tarta de manzana
Apfelkuchen

torta, tarta
Kuchen

Eis

helado de fresa
Erdbeereis

helado de limón
Zitroneneis

helado de vainilla
Vanilleeis

helado variado
gemischtes Eis

mantecado
Sahneeis

8 In der Stadt
En la ciudad

Auf dem Verkehrsbüro | **En la oficina de turismo**

Können Sie mir bitte ein Hotelverzeichnis geben. | ¿Me puede dar una guía de hoteles, por favor?

Ich möchte einen Stadtplan haben. | Quisiera un mapa de la ciudad.

Haben Sie Prospekte von.../Veranstaltungskalender für diese Woche? | ¿Tienen ustedes folletos de.../un programa de espectáculos para esta semana?

Gibt es Stadtrundfahrten? | ¿Hay visitas organizadas de la ciudad?

Was kostet die Rundfahrt? | ¿Cuánto cuesta el billete (*Am* boleto)?

Wann/Wo fährt der Bus ab? | ¿Cuándo/De dónde sale el autobús?

Erkundigung nach dem Weg

Cómo preguntar por el camino

Bitte, wo ist ...?	Perdón, señora/señorita/señor, ¿dónde está ...?
Können Sie mir sagen, wie ich nach ... komme?	¿Podría decirme cómo se va a ...?
Wie weit ist es zum (zur) ...?	¿Cuánto se tarda en llegar a ...?
Welches ist der kürzeste Weg nach (zu) ...?	¿Cuál es el camino más corto para ir a ...?
Es ist (nicht) weit.	(No) está lejos.
Es ist ganz in der Nähe.	Está muy cerca de aquí.
Gehen Sie geradeaus.	Vaya todo seguido (*Am* derecho).
Gehen Sie nach links/nach rechts.	Tuerza (*Am* Doble) a la izquierda/derecha.
Erste/zweite Straße links/rechts.	La primera/segunda calle a la izquierda/a la derecha.
Gehen Sie über die Brücke den Platz die Straße.	Atraviese el puente la plaza la calle.
Dann fragen Sie noch einmal.	Luego pregunte usted otra vez.
Sie können den Bus die Straßenbahn die U-Bahn nehmen.	Puede usted tomar el autobús el tranvía el metro.

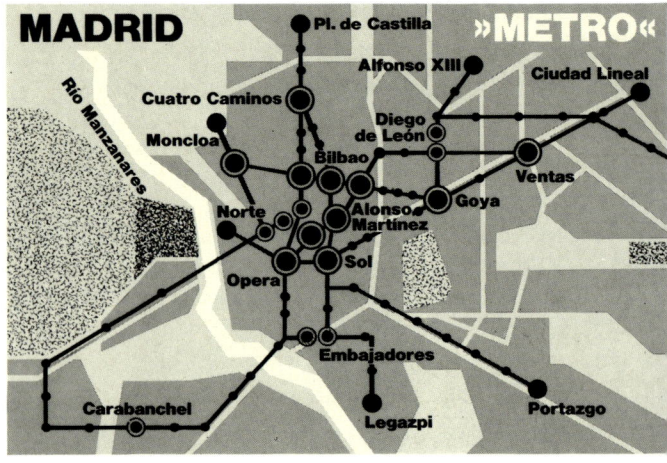

Bus, Straßenbahn, U-Bahn	Autobús, tranvía, metro
Welcher Bus/welche Straßenbahn fährt nach ...?	¿Qué autobús / tranvía hay que tomar para ir a ...?
Bitte, wo ist die nächste Bus-/Straßenbahn-Haltestelle?	Por favor, ¿dónde está la próxima parada del autobús / del tranvía?
Wo ist die nächste U-Bahnstation?	¿Dónde está la próxima estación del metro, por favor?
Welche Linie fährt nach ...?	¿Cuál es la línea que va a ..., por favor?
In welche Richtung muß ich fahren?	¿Qué dirección tengo que tomar?
Wie viele Haltestellen sind es?	¿Cuántas paradas hay hasta ...?
Wo muß ich aussteigen/umsteigen?	¿Dónde tengo que bajar/cambiar?

Spanien

1 El Escorial
2 Madrid-Correos
3 Barcelona-Plaza del Rey
4 Monasterio de Guadalupe
5 Granada-Alhambra
6 Toledo-Panorama

Sagen Sie mir bitte, wenn wir dort sind.	Haga el favor de avisarme cuando lleguemos.
Bitte, einen Fahrschein nach...	Un billete (*Am* boleto) a..., por favor.

Taxi

Taxi

Wo ist der nächste Taxistand?	Perdón, señor/señora/señorita, ¿dónde está la parada de taxis más cercana?
Zum Bahnhof.	A la estación.
Zum... Hotel.	Al hotel...
In die... Straße.	A la calle...
Nach..., bitte.	A..., por favor.
Wieviel kostet es nach...?	¿Cuánto cuesta hasta...?
Das ist für Sie.	Esto es para usted.

Stadtrundfahrt, Ausflüge

Visita de la ciudad, excursiones

Welche Sehenswürdigkeiten gibt es in...?	¿Qué cosas de interés turístico hay en...?

Wir möchten
  die Ausstellung
  das Museum
  das Schloß
  die Kirche
besichtigen.
	Nos gustaría visitar
	  la exposición.
	  el museo.
	  el palacio.
	  la iglesia.

Wann ist... geöffnet?	¿Cuándo está abierto...?
Wann beginnt die Führung?	¿A qué hora comienza la visita con guía?
Gibt es auch eine Führung in Deutsch?	El guía, ¿da también explicaciones en alemán?

Lateinamerika

1 México — Los atlantes de Tula
2 Perú — Machu Picchu, cultura inca
3 Colombia, San Agustín — Cultura precolombina
4 México — Universidad
5 Guatemala — Templo del Gran Jaguar, cultura maya
6 Perú — Machu Picchu, cultura inca

Darf man hier fotografieren?	¿Se pueden tomar fotografías aquí?
Was für ein Platz/eine Kirche ist das?	¿Cómo se llama esta plaza/iglesia?
Wann wurde dieses Gebäude erbaut?	¿Cuándo se construyó este edificio?
Ist das...?	¿Es éste el.../¿Es ésta la...?
Kommen wir am (an) ...vorbei?	¿Se pasa por...?
Besichtigen wir auch ...?	¿Vamos a visitar también...?
Wieviel freie Zeit haben wir in...?	¿Cuánto tiempo libre tenemos en...?
Wann fahren wir zurück?	¿A qué hora salimos?
Wann werden wir zurück sein?	¿A qué hora llegaremos?

Kirche, Gottesdienst — Iglesia, cultos

Wo ist die ... Kirche/die Kathedrale?	¿Dónde está la iglesia de.../la catedral?
Wann findet der Gottesdienst statt?	¿A qué hora es la misa/son los oficios?
Ist heute eine Taufe/eine Trauung?	¿Hay hoy un bautizo/una boda?
Werden Kirchenkonzerte veranstaltet?	¿Hay conciertos en la iglesia?
Wann kann man die Kirche/die Kapelle besichtigen?	¿Cuándo se puede visitar la iglesia/la capilla?
Wo wohnt der Pfarrer/der Kirchendiener?	¿Dónde vive el párroco/el sacristán?

| Wir möchten gerne die Kirche besichtigen. | Nos gustaría visitar la iglesia. |
| Können Sie uns bitte begleiten/den Schlüssel geben. | ¿Nos puede usted accompañar / dar la llave? |

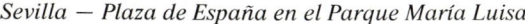

Sevilla — Plaza de España en el Parque María Luisa

Wortliste Stadt

Abtei	abadía
Allee	paseo
Altar	el altar
Ausgrabungen	las excavaciones
Ausstellung	la exposición
Barock	barroco
Besichtigung	visita
Bibliothek	biblioteca
Bild	pintura, cuadro
-hauer	el escultor
Bogen	arco
-gang	arcada, los soportales
Botanischer Garten	el jardín botánico
Botschaft	embajada
Brücke	el puente
Brunnen	la fuente
Burg	castillo
Bürgermeister	el alcalde

Chor	coro
-stuhl	silla de coro
Christ	cristiano
Christentum	Cristianismo
Denkmal	monumento
Dom	la catedral
Endstation	la estación final
Fassade	fachada
Flügel	(el) ala
Fresko	fresco
Friedhof	cementerio
Führung	visita guiada
Fundbüro	oficina de objetos perdidos
Galerie	galería
Gasse	calleja
Gebäude	edificio
Gehsteig	la acera
Geistlicher	el sacerdote, el cura
Gemälde	pintura, cuadro
Geschäft	negocio, tienda
Gewölbe	bóveda

Glocke	campana
gotisch	gótico
Gottesdienst	culto; misa
Grab	tumba
Grünanlage	el parque, el jardín público
Haltestelle	parada
Hof	patio
Innenstadt	centro
Jahrhundert	siglo
Jude	judío
Kanzel	púlpito
Kapelle	capilla
Kathedrale	la catedral
Katholik	católico
Kino	el cine
Kirche	iglesia
-ndiener	el sacristán
-nkonzert	concierto de música sagrada
Kirchturm	la torre, campanario
Konfession	la religión, la confesión religiosa
Konsulat	consulado
Kopie	copia
Krankenhaus	el hospital
Kreuz	la cruz
-gang	claustro
Krypta	cripta
Kuppel	cúpula
Leuchter	candelabro
Maler	pintor
Markt	mercado
Marmor	el mármol
Messe	misa
Mittelalter	la Edad Media
mittelalterlich	medieval
Mittelschiff	la nave (central)
Mosaik	mosaico
Museum	museo
Oper	ópera
Orgel	órgano
Original	el original

Palast	palacio
Park	el parque
Pavillon	el pabellón
Pfarrer	párroco, el cura
Pfeiler	el pilar
Platz	plaza
Portal	el portal
Predigt	homilía, el sermón
Protestant	protestante
Querschiff	la nave transversal
Rathaus	ayuntamiento
Religion	la religión
romanisch	románico
Ruine	ruina
Rundfahrt	recorrido, el viaje circular
Sakristei	sacristía
Sarkophag	sarcófago
Säule	columna, el pilar
Schaufenster	el escaparate, *(Am)* vidriera
Schiff	la nave
Schloß	castillo, palacio
Schule	escuela
Sehenswürdigkeiten	los monumentos
Stadtrundfahrt	visita de la ciudad
Stadtteil	barrio
Stadtzentrum	centro
Statue	estatua
Sternwarte	observatorio (astronómico)
Stil	estilo
Straße	la calle
Synagoge	sinagoga
Taufbecken	pila bautismal
Taxistand	parada de taxis
Tempel	templo
Theater	teatro
Tor	puerta, el portón
Turm	la torre
U-Bahn	metro, suburbano
Umgebung	los alrededores
Universität	la universidad
Vorort	suburbio, barrio periférico

9 Auf der Post
En correos

Wo ist das nächste Postamt/der nächste Briefkasten?	Por favor, ¿dónde está la oficina de correos más próxima / el buzón más próximo?

Was kostet ein Brief/ eine Ansichtskarte
   nach Deutschland?
   nach Österreich?
   in die Schweiz?

¿Cuánto cuesta una carta / una postal para
   Alemania?
   Austria?
   Suiza?

Drei Briefmarken zu ... Peseten, bitte.

Tres sellos (*Am* estampillas) de ... pesetas, por favor.

Diesen Brief bitte
   per Einschreiben.
   als Luftpost.
   Express.

Quisiera enviar esta carta
   certificada (*Am* registrada).
   por vía aérea.
   urgente.

Kann ich bei Ihnen auch Sondermarken bekommen?

¿Tiene usted sellos (*Am* estampillas) especiales?

Diesen Satz/je eine Marke, bitte.

Esta serie / Un sello (*Am* Una estampilla) de cada serie, por favor.

Postlagernd

Ist Post für mich da?
Mein Name ist ...

- Nein, es ist nichts da.
- Ja, es ist etwas da. Ihren Ausweis, bitte.

Lista de correos
(*Am* cartas detenidas)

¿Hay correo para mí? Me llamo ...

No, no hay nada.

Sí, hay algo. ¿Tiene usted algún documento personal, por favor?

Ferngespräche und Telegramme

Ich möchte ein Telegramm aufgeben.

Können Sie mir bitte beim Ausfüllen helfen?

Was kostet ein Wort?

Kommt das Telegramm heute noch in ... an?

Wo ist die nächste Telefonzelle?

Teléfonos y telegramas

Quisiera enviar un telegrama.

¿Podría usted ayudarme a rellenarlo?

¿Cuánto cuesta por palabra?

¿Llegará el telegrama hoy mismo a ...?

¿Dónde está la cabina telefónica más próxima?

125

EL EXPEDIDOR DEBE RELLENAR ESTE IMPRESO, EXCEPTO LOS RECUADROS EN TINTA ROJA — T. G.-I.-EGSA

INS O N.° / MARCACION	SERIAL		INDICACIONES TRANSMISION
LINEA PILOTO		**TELEGRAMA**	

N.° .... Pal. .... día .... hora .... | Ptas. ....

INDICACIONES: DESTINATARIO: _____
                SEÑAS: _____   TELEX: _____
                TELEFONO: _____
                DESTINO: _____

TEXTO: _____

_____

_____

_____

_____

_____

                                                                TFNO.: _____
                                                                POBLACION: _____

SEÑAS DEL EXPEDIDOR   NOMBRE: _____
                         DOMICILIO: _____   IMPORTANTE.—La hoja adjunta sirve de recibo y copia.

A-5 UNE 1011.—(148 × 210)

ACHTUNG

Bei Aufgabe eines Telegramms (Kabel oder Funk) bitten wir, dieses Formular folgendermassen auszufuellen:

NUR FOLGENDE ABSCHNITTE AUSFUELLEN

INDICACIONES: Falls eine besondere Art des Telegramms gewuenscht wird (dringend, Brieftelegramm, Empfangsanzeige usw.), bitte hier vermerken.

DESTINATARIO: Genaue Angabe des Empfaengers.

SEÑAS: Strasse, Hausnummer und erforderliche Angaben fuer die Zustellung Ihres Telegramms.

TELEFONO: Ggfs. Telefonnummer, falls das Telegramm fernmuendlich durchgegeben werden soll.

TELEX: Telexnummer.

DESTINO: Genaue Angabe des Bestimmungsortes und des Landes.

TEXTO: Die zu uebermittelnden Nachrichten.

SEÑAS DEL EXPEDIDOR

(Anschrift des Absenders)

NOMBRE: Vor-und Zuname.

DOMICILIO: Hotel, Wohnsitz oder sonstige gegenwaertige Anschrift.

BITTE SCHREIBEN SIE SEHR DEUTLICH

ADVERTENCIA

Para ayudarle a redactar este telegrama, se ruega tenga presente las siguientes normas:

DATOS A RELLENAR POR EL EXPEDIDOR

INDICACIONES: Urgente, telegrama carta, acuse de recibo, etc., conforme a su deseo.

DESTINATARIO: Nombre y apellidos o razón social a quien se dirige el telegrama.

SEÑAS: Dirección con todas las indicaciones necesarias para asegurar la entrega del telegrama: Calle, plaza, número, etc.

TELEFONO: Número del teléfono del destinatario, si se precisa o estima conveniente.

TELEX: Número del télex del destinatario.

DESTINO: Oficina telegráfica de destino y país.

TEXTO: Mensaje que se desea comunicar al destinatario.

SEÑAS DEL EXPEDIDOR

NOMBRE: Nombre y apellidos o razón social.

DOMICILIO: Hotel, residencia o señas actuales.

SE RUEGA ESCRIBIR EN CARACTERES DE IMPRENTA

Können Sie mir bitte eine Telefonmünze geben?	¿Me puede dar una ficha (telefónica)?
Können Sie mir bitte wechseln? Ich brauche Kleingeld zum Telefonieren.	¿Tiene usted cambio? Necesito algunas monedas para llamar por teléfono.
Bitte ein Ferngespräch nach ...	Una llamada a larga distancia con ..., por favor.
● Gehen Sie in Kabine Nr. ...	Pase a la cabina número ...
Die Leitung ist besetzt.	Está ocupado.
Es meldet sich niemand.	No contestan.
● Bleiben Sie bitte am Apparat.	No se retire, por favor.
Hallo, mit wem spreche ich?	¿Con quién hablo?
Hier spricht ...	Soy ...
Kann ich bitte Herrn/Frau/Fräulein ... sprechen?	¿Puedo hablar con el señor/la señora/la señorita ...?

Madrid — Palacio de Correos y Telecomunicaciones

Wortliste Post

absenden	enviar
Absender	el remitente
Adresse	la dirección
Anruf	llamada telefónica
anrufen	llamar por teléfono, telefonear
Ansichtskarte	la postal
aufgeben	enviar, expedir
Bestimmungsort	destino
Brief	carta
-kasten	el buzón
-marke	sello, *(Am* estampilla)
-markenautomat	el expendedor automático de sellos
-träger	cartero
-umschlag	el sobre
Drucksache	impresos
durchwählen	llamar directamente
Eilbrief	carta urgente, expreso
Einschreibebrief	carta certificada
Empfänger	destinatario
Ferngespräch	llamada interurbana / de larga distancia
Fernsprechamt	oficina de teléfonos
Formular	impreso, formulario
frankieren	franquear
Gebühr	tarifa
Gewicht	peso
Hörer	el receptor
Kabel	el cable
Leerung	recogida
Luftpost	correo aéreo
mit —	por avión
Münzfernsprecher	cabina telefónica
Nachnahme, per	contra reembolso
nachsenden	reexpedir, enviar
Ortsgespräch	llamada urbana
Paket	el paquete
Porto	franqueo

Post/amt	oficina de correos
-anweisung	giro postal
-karte	la postal
-lagernd	lista (de correos)
-sparbuch	libreta de la caja (postal) de ahorros
R-Gespräch	la comunicación a pagar en destino
Schalter	ventanilla
Telefon	teléfono
-buch	guía de teléfonos
-gespräch	llamada telefóncia
-nummer	número de teléfono
-zelle	cabina telefónica
Telegramm	el telegrama
Übergewicht	exceso de peso
Übergewicht haben	superar el peso
Überweisung, telegrafische	giro telegráfico
Verbindung	la comunicación
Vermittlung	centralita de teléfonos, la central
Voranmeldung	conferencia con preaviso
Vordruck	formulario, impreso
Vorwahlnummer	prefijo
wählen	marcar (el número)
Wertangabe	la declaración de valor
Zahlkarte	impreso para giro postal
Zollerklärung	la declaración de aduana
Zustellung	entrega

10 Auf der Polizei
En la comisaría de policía

Wo ist die nächste Polizeistelle?	Por favor, ¿dónde está la comisaría de policía más cercana?
Ich möchte einen Diebstahl/Verlust anzeigen.	Quiero denunciar un robo/una pérdida.

Mir ist
  die Handtasche
  die Brieftasche
  der Koffer
  der Fotoapparat
  das Auto
gestohlen worden.
	Me han robado
	  el bolso.
	  la cartera.
	  la maleta.
	  la cámara fotográfica.
	  el coche (*Am* carro).

Mein Auto ist aufgebrochen worden.	Me han forzado la puerta del coche.
Aus meinem Auto ist ... gestohlen worden.	Me han robado del coche ...
Ich habe ... verloren.	He perdido ...
Können Sie mir bitte helfen?	¿Puede usted ayudarme, por favor?
Wir werden der Sache nachgehen.	Nosotros nos ocuparemos de ello.

• Ihren Namen und Ihre Anschrift, bitte. — Por favor, su nombre y dirección.

Wortliste Polizei

anzeigen	denunciar
Arm/band	pulsera, el brazalete
-banduhr	el reloj de pulsera
Autoschlüssel	las llaves del coche
Brieftasche	cartera, monedero
Dieb	el ladrón
-stahl	robo
Erpressung	el chantaje
Fotoapparat	máquina de fotografías, cámara
Gefängnis	la cárcel
Geld	dinero
-börse	monedero
Gericht	el tribunal
Handtasche	cartera, bolsa (de mano)
Kette	el collar, cadena
Koffer	maleta
Polizei	la policía
-revier	comisaría
Polizist	el policía
Rauschgift	drogas
Rechtsanwalt	abogado
Richter	el juez
Ring	anillo
Schirm	el paraguas
Schlüssel	la llave
Schmuggel	contrabando
Tasche	bolso
Überfall	la agresión; el asalto (a un banco)
Uhr	el reloj
Unfall	el accidente
Verbrechen	el crimen
verhaften	arrestar
Verlust	pérdida

11 Zeitvertreib — Vergnügungen
Pasatiempos — Diversiones

Im Schwimmbad/ Am Strand **En la piscina/ En la playa**

Gibt es hier ein
  Freibad?
  Hallenbad?
  Thermalbad?

¿Hay aquí
  una piscina al aire libre?
  una piscina cubierta?
  una piscina termal?

Eine Eintrittskarte (mit Kabine), bitte.

Por favor, una entrada (*Am* boleto) (con cabina).

Nur für Schwimmer! ¡Sólo para nadadores!

Baden verboten! ¡Prohibido bañarse!

Ist der Strand
  sandig?
  steinig?
  felsig?

La playa,
  ¿es de arena?
  ¿es pedregosa?
  ¿tiene rocas?

Wie weit darf man hinausschwimmen? ¿Hasta dónde está permitido nadar?

Ist es für Kinder gefährlich? ¿Es peligroso para los niños?

Ich möchte ... mieten.	Quisiera alquilar
ein Boot	una barca.
einen Liegestuhl	una hamaca.
einen Sonnenschirm	una sombrilla.
ein Paar Wasserski	un par de esquíes náuticos.
Was kostet es pro Stunde/Tag?	¿Cuánto cuesta por hora/por día?

Sport / Deportes

Welche Sportveranstaltungen gibt es hier?	¿Qué manifestaciones deportivas hay aquí?
Was kann man an Sport hier treiben?	¿Qué deportes se pueden practicar aquí?
Gibt es hier	¿Hay aquí
einen Golfplatz?	un campo de golf?
einen Tennisplatz?	una pista (*Am* cancha) de tenis?
eine Pferderennbahn?	un hipódromo?
Wo kann man hier angeln?	¿Dónde se puede pescar a caña?
Ich möchte mir das Fußballspiel/das Pferderennen ansehen.	Quisiera ver el partido de fútbol/las carreras de caballos.
Wann/Wo findet es statt?	¿Cuándo/Dónde es?
Was kostet der Eintritt?	¿Cuánto cuesta la entrada (*Am* el boleto)?
Gibt es hier gute Skipisten?	¿Hay aquí buenas pistas de esquí?
Gibt es auch Skilifts?	¿Hay también telesquíes?
Was kostet eine Tageskarte/Wochenkarte?	¿Cuánto cuesta una entrada (*Am* un boleto) para un día/para una semana?
Gibt es eine Langlaufloipe?	¿Hay una pista de fondo?
Wie sind die Schneeverhältnisse?	¿Hay suficiente nieve?

Ich möchte eine Bergtour machen.	Quisiera hacer una excursión por las montañas.
Können Sie mir eine interessante Route auf der Karte zeigen?	¿Puede usted indicarme en el mapa un itinerario interesante?
Welchen Sport treiben Sie?	¿Qué deporte practica usted?
Ich spiele ...	Juego a ...
Ich bin ein Anhänger von ...	Soy aficionado a ...

Theater, Konzert, Kino

Teatro, concierto, cine

Was wird heute abend im Theater/Kino gegeben?	¿Qué hay esta tarde en el teatro/cine?
Können Sie mir ein gutes Theaterstück ein gutes Konzert einen guten Film empfehlen?	¿Puede usted indicarme una buena obra de teatro? un buen concierto? una buena película?
Wann beginnt das Theater/das Kino?	¿A qué hora empieza la función/la sesión?
Wo bekommt man Karten?	¿Dónde se pueden adquirir los billetes (*Am* boletos)?
Bitte zwei Karten für heute abend/morgen abend.	Dos entradas (*Am* boletos) para esta tarde/mañana por la tarde, por favor.
Bitte zwei Plätze zu ... Peseten.	Dos entradas (*Am* boletos) de ... pesetas, por favor.
Wann ist die Vorstellung zu Ende?	¿Cuándo acaba la representación?
Wo ist die Garderobe?	¿Dónde está el guardarropa?

Tanz **Baile**

Gibt es hier eine Diskothek?	¿Hay aquí una discoteca?
Wollen wir tanzen gehen?	¿Vamos a bailar?
Wollen wir (noch einmal) tanzen?	¿Bailamos (otra vez)?
Wollen wir noch einen Bummel machen?	¿Damos un paseíto?
Darf ich Sie zu einer Party einladen?	¿Puedo invitarla/invitarle a una fiesta un party?
Darf ich Sie nach Hause begleiten/fahren?	¿Puedo acompañarla/llevarla a su casa?
Wann sehen wir uns wieder?	¿Cuándo nos vemos otra vez?
Vielen Dank für den netten Abend.	Muchas gracias por la tarde tan agradable.

PROGRAMAS DE TELEVISIÓN

Viernes 18
9,47 Redacción de noche.
0,35 Polideportivo.
0,50 Clásicos del cine mudo: ,,El precio de la gloria''
3,00 Tribuna internacional.

Sábado 19
15,32 Retrato en vivo.
16,30 Barbapapá.
17,00 Dick Turpin.
17,30 Retransmisión deportiva.
19,00 La clave: ,,OTAN''.

Domingo 20
18,45 La música.
20,00 Los últimos años del cine español.
22,00 La danza.
22,30 A fondo.

CAFÉS — TEATRO

Biombo Chino. Isabel la Católica, 6.
Todas las noches, tres espectáculos distintos.
1 noche: Apertura baile. 12: Cita de estrellas. 1,15: Grandioso éxito de Andrés Pajares y su compañía en ,,El donante''. 3,00: Sexy-show.

Dimas. Calle San Dimas, 3.
Dimas presenta ,,Noches del Paraíso'', con la supervedette Tiffany, Félix, Ketty, Úrsula. Y la colaboración de Rafael Granado y la otra Lola.

PROGRAMAS DE RADIO

Radio Nacional de España — Primer programa

Informativos:
Noticias a todas las horas en punto.
8,00 España a las ocho. Primer diario hablado.
8,05 Espacio regional.
4,00 Veinticuatro horas.

Musicales:
2,40 Música, sólo música.
,05 Para vosotros, jóvenes.
4,05 La zarzuela.
,05 La ópera.

Varios:
6,05 Hoy, sábado.
10,05 Comer, charlar y beber.
12,30 Teatro breve.
21,15 Filatelia.

Wortliste Zeitvertreib

angeln	pescar (a caña)
Angelschein	licencia de pesca
Aufführung	espectáculo, la representación
Autokino	el motocine
Bade/anzug	el traje de baño
-hose	el bañador, el pantalón de baño
-mütze	gorro de baño
Ballett	el ballet
Bergsteigen	alpinismo
Boot	barca
Boxkampf	boxeo
Bühne	escenario
Dirigent	el director (de orquesta)
Dusche	ducha
Eintrittskarte	entrada, el billete
Eislauf	el patinaje sobre hielo
Filmschauspieler	el actor de cine
Freilichtkino	el cine al aire libre
Fußball	el fútbol
-mannschaft	equipo de fútbol
-platz	campo/(*Am* cancha) de fútbol
-spiel	partido de fútbol
Garderobe	el guardarropa
gewinnen	ganar
Halbzeit	primer/segundo tiempo
Hallenbad	piscina/ (*Am* pileta) cubierta
Handball	balonmano
Inszenierung	la escenificación
Jagd	caza
Kasse	caja
Kegeln	(juego de) bolos
Komödie	comedia
Komponist	el compositor
Konzert	concierto
Loge	palco
Luftmatratze	el colchón neumático

Motor/boot	(lancha) motora
-sport	motociclismo
Niederlage	derrota
Oper	ópera
Operette	opereta
Opernglas	los gemelos/los prismáticos de teatro
Orchester	orquesta
Parkett	platea
Pause	entreacto, descanso
Pferderennen	carrera de caballos
Programm	el programa
radfahren	montar/ (*Am* andar) en bicicleta
Radsport	ciclismo
Rang	galería
1. Rang	entresuelo, anfiteatro principal
2. Rang	anfiteatro segundo
Regie	la dirección
Regisseur	el director
Reitsport	la equitación
Rennen	carrera
Ringkampf	lucha (grecorromana)
Rodel	trineo
Rolle	el papel, el rol
Hauptrolle	el papel principal
Ruderboot	barca de remos
Schauspiel	teatro
-er	el actor
-erin	la actriz
Schiedsrichter	árbitro
Schießsport	tiro
Schlauchboot	el bote neumático
Schwimmbad	piscina, *(Am* pileta, alberca)
Schwimmen	la natación
Segelboot	barco de vela
Segeln	la navegación a vela
Sieg	victoria
Sinfoniekonzert	concierto sinfónico
Ski	el esquí
-bindung	atadura
-lift	el telesquí
-laufen	esquiar
Solist	el solista

Sonnenöl	el aceite solar
Spiel	juego; partido
-plan	el programa
Sportler	el deportista, el atleta
-in	la deportista, la atleta
Sportplatz	campo/(*Am* cancha) de deportes
Sprungbrett	el trampolín
tauchen	bucear
Taucherausrüstung	equipo de buceo
Tennis	el tenis
-platz	campo/cancha de tenis
-schläger	raqueta
Theaterstück	obra de teatro
Tischtennis	el ping-pong, el tenis de mesa
Tragödie	tragedia
Tretboot	barca de pedales
Turnen	gimnasia
verlieren	perder
Volleyball	el balón-volea
Vorhang	el telón
Vorstellung	espectáculo, la sesión
Vorverkauf	venta anticipada
Wasserski	el esquí acuático
Wellenreiten	el patinaje sobre las olas, el surfing
Wettkampf	la competición
Windhundrennen	carrera de galgos

12 Einkaufen — Geschäfte
De compras — Negocios

Fragen, Preise
Preguntas, Precios

Wo kann man ... kaufen?
¿Dónde se puede comprar ...?

Können Sie mir ein ...geschäft empfehlen?
¿Puede usted indicarme una buena tienda de ...?

Werden Sie schon bedient?
¿Ya le/la atienden?

Ich möchte ...
Quisiera ...

Haben Sie ...?
¿Tiene usted ...?

Geben/Zeigen Sie mir bitte ...
Déme/Enséñeme ..., por favor.

Haben Sie noch ein anderes/eine(n) andere(n) ...?
¿Tiene usted otro/otra ..., por favor?

Bitte
  ein Paar ...
  ein Dutzend ...
  ein Stück ...

Por favor,
  un par de ...
  una docena de ...
  un trozo de ...

Haben Sie etwas Besseres/Billigeres?	¿Tienen ustedes algo mejor/más barato?
Das gefällt mir.	Me gusta.
Wieviel kostet es?	¿Cuánto cuesta?
Ich nehme es.	Me lo llevo.
Nehmen Sie deutsches Geld? Reiseschecks? Euroschecks?	¿Aceptan ustedes dinero alemán? cheques de viaje? eurocheques?

In der Buchhandlung

En la librería

Ich hätte gern ... einen Stadtplan. eine deutsche Zeitung. eine Illustrierte. ein Wörterbuch. einen Reiseführer.	Quisiera ... un plano de la ciudad. un periódico alemán. una revista. un diccionario. una guía.

Im Fotogeschäft

Artículos fotográficos

Ich möchte ... einen Film für diesen Apparat. einen Schwarzweiß-Film. einen Farbfilm (für Dias) einen Film mit 36/20/12 Aufnahmen. einen Super-8-Film. einen Kassettenfilm. zehn Blitzlichtbirnen.	Quisiera ... una película para esta cámara. una película en blanco y negro. una película en color (para diapositivas). un carrete de 36/20/12 fotografías. una película súper de 8 mm. un cargador para fotos. diez lámparas para flash.
Würden Sie mir bitte diesen Film entwickeln?	¿Pueden ustedes revelarme esta película?

Bitte machen Sie mir je einen Abzug von diesen Negativen.	Hágame una copia de cada uno de estos negativos, por favor.
Welches Format bitte?	¿Qué tamaño desea?
Sieben mal zehn./Neun mal neun.	Siete por diez./Nueve por nueve.
Wünschen Sie Hochglanz oder Seidenglanz?	¿Brillante o mate?
Wann kann ich die Bilder abholen?	¿Cuándo puedo retirar las fotos?
Können Sie bitte diesen Apparat reparieren?	¿Podrían ustedes arreglarme esta cámara fotográfica?
Der Sucher/Der Auslöser funktioniert nicht.	El visor/El disparador no funciona.

Kleidung, Schuhe, Reinigung / Vestidos, Zapatos, Tintorería

Können Sie mir ... zeigen?	Puede usted enseñarme ...?
Welche Farbe wünschen Sie?	¿Qué color desea?
Ich möchte etwas in Gelb.	Quisiera algo en amarillo.
Ich möchte etwas Passendes hierzu.	Quisiera algo que vaya bien con esto.
Kann ich es anprobieren?	¿Puedo probármelo?
Welche (Konfektions-)Größe haben Sie?	¿Qué talla tiene usted?

Das ist mir zu ...
  eng.
  kurz.
  lang.
  groß.
	Es demasiado ...
	  estrecho (*Am* angosto).
	  corto.
	  largo.
	  grande.

Das paßt gut. Ich nehme es.	Me va muy bien. Me lo llevo.
Ich möchte ein Paar ...	Quisiera un par de
Halbschuhe.	zapatos.
Hausschuhe.	zapatillas / pantuflas.
Kinderschuhe.	zapatos para niño.
Sandalen.	sandalias.
Stiefel	botas.
Skistiefel.	botas de esquiar.
Ich habe Schuhgröße ...	Calzo el número ...
Sie drücken mich.	Me aprietan un poco.
Sie sind zu eng/weit.	Son demasiado estrechos / anchos.
Bitte noch eine Dose Schuhkrem/ein Paar Schnürsenkel.	Déme también, por favor, una caja de betún / unos cordones de zapatos.
Ich möchte diese Sachen reinigen/waschen lassen.	Quisiera que me limpiaran en seco / que me lavaran esta ropa.
Wann sind sie fertig?	¿Cuándo estará lista?

Lebensmittel

Productos alimenticios.

Geben Sie mir bitte ...	Déme ..., por favor.

Beim Optiker

En el establecimiento de óptica

Würden Sie mir bitte diese Brille reparieren?	¿Puede usted arreglarme estas gafas (*Am* estos anteojos / lentes) por favor?
Wann kann ich die Brille abholen?	¿Cuándo puedo recoger las gafas?
Was kostet die Reparatur?	¿Cuánto cuesta el arreglo?
Ich suche eine Sonnenbrille.	Quisiera unas gafas de sol.

Im Tabakladen

En el estanco

Ein Päckchen ... Zigaretten mit (ohne) Filter.

Un paquete de cigarrillos ... con (sin) filtro, por favor.

Haben Sie deutsche/amerikanische Zigaretten?

¿Tiene usted cigarrillos alemanes/norteamericanos?

Zehn Zigarren/Zigarillos, bitte.

Déme diez puros (*Am* cigarros)/puritos (*Am* cigarros pequeños), por favor.

Eine Dose Tabak, bitte.

Una caja de tabaco de pipa, por favor.

Eine Schachtel Streichhölzer, bitte.

Una caja de cerillas (*Am* fósforos), por favor.

Beim Uhrmacher, Juwelier

En la relojería/joyería

Meine Uhr geht nicht mehr. Können Sie mal nachsehen?

Mi reloj no funciona. ¿Puede usted mirar lo que tiene?

Ich möchte ein hübsches Andenken/Geschenk.

Quisiera un recuerdo/regalo bonito.

Wieviel wollen Sie ausgeben?

¿Cuánto quiere usted gastar aproximadamente?

Ich möchte etwas nicht zu Teures.

Quisiera algo que no sea demasiado caro.

Was kostet ...?

¿Cuánto cuesta ...?

Wortliste Geschäfte

Antiquariat	librería de segunda mano
Antiquitätengeschäft	antigüedades
Apotheke	farmacia
Bäckerei	panadería
Blumengeschäft	florería
Buchhandlung	librería

Drogerie	droguería
Eisenwarengeschäft	ferretería
Elektrohandlung	(tienda de) artículos eléctricos
Fischgeschäft	pescadería
Fotoartikel	(tienda de) artículos fotográficos
Friseur	peluquería (de señoras, de caballeros)
Gemüsehändler	verdulería
Juwelier	joyería
Kaufhaus	(los) grandes almacenes
Konditorei	pastelería, confitería
Kosmetiksalon	instituto de belleza
Kunsthändler	(comerciante de) objetos de arte
Lebensmittelgeschäft	(tienda de) comestibles
Lederwarengeschäft	(tienda de) artículos de piel/cuero
Metzgerei	carnicería
Milchgeschäft	lechería
Möbelgeschäft	(el almacén de) muebles
Musikgeschäft	(tienda de) artículos de música
Obsthandlung	frutería
Optiker	óptico
Parfümerie	perfumería
Pelzgeschäft	peletería
Porzellangeschäft	(tienda de) artículos de porcelana
Reinigung, chemische	tintorería; limpieza en seco
Reiseandenken	recuerdos, souvenirs
Reisebüro	agencia de viajes
Schallplattengeschäft	(tienda de) discos
Schneider/in	(Herren) el sastre, (Damen) modista
Schreibwarengeschäft	papelería
Schuhgeschäft	zapatería
Schuhmacher	zapatero
Selbstbedienungsladen	autoservicio
Spielwarengeschäft	juguetería, (tienda de) artículos de juguete
Sportartikel	(tienda de) artículos de deporte
Stoffgeschäft	(tienda de) tejidos
Süßwarengeschäft	pastelería, confitería
Tabakladen	estanco, *(Am* cigarrería)

Uhrmacher	relojero
Verkehrsbüro	agencia de viajes, oficina de turismo
Waffenhandlung	armería
Wäscherei	lavandería
Weinhandlung	(el almacén de) vinos, bodega
Zeitungshändler	el vendedor de periódicos

Wortliste Kleidung

Abendkleid	vestido/el traje de noche
Absatz	el tacón, *(Am* taco)
anprobieren	probarse
Anzug	el traje
Ärmel	manga
Bade/anzug	el traje de baño, el bañador
-hose	el bañador
-mantel	el albornoz
-mütze	gorro de baño
Baumwolle	el algodón
Bikini	el bikini
Bluse	blusa
bügeln	planchar
Büstenhalter	el sujetador, el sostén, *(Am* corpiño)
chemisch reinigen	limpiar en seco
einfarbig	de un solo color
Farbe	el color
Flanell	franela
Futter	forro
gestreift	a rayas, rayado
Gummistiefel	las botas de goma
Gürtel	el cinturón
Halstuch	pañuelo de cuello
Handschuhe	los guantes
Hemd	camisa
Hose	el pantalón
kurze Hose	el pantalón corto
Hut	sombrero
Jacke	chaqueta, *(Am* saco)
kariert	a cuadros
Kleid	vestido
Kniestrümpfe	los calcetines altos, medias
knitterfrei	no necesita plancha
Knopf	el botón
Konfektion	la confección
Kostüm	el traje de chaqueta
Krawatte	corbata
Kunstfaser	fibra sintética

Leder/jacke	chaqueta de cuero
-mantel	abrigo de cuero
Mantel	abrigo
Morgenrock	la bata, el albornoz
Pantoffeln	las pantuflas, las zapatillas
Pelz/jacke	chaqueta de piel
-mantel	abrigo de piel
Pullover	el jersey, (*Am* el pulóver)
Pyjama	el pijama
Regenmantel	el impermeable
Reißverschluß	cremallera, (*Am* el cierre relámpago)
Rock	falda
Sakko	chaqueta, (*Am* saco)
Samt	terciopelo
Sandalen	las sandalias
Schal	el chal, pañuelo de cuello
Schirm	el paraguas
Schlüpfer	braga(s)
Schuh/e	los zapatos
-bänder	los cordones de zapatos
-bürste	cepillo del calzado
-krem	el betún
Seide	seda
Socken	los calcetines
Sohle	suela
Sommerkleid	vestido de verano
Sporthemd	camisa deportiva
Stiefel	las botas
Strandschuhe	las playeras, las zapatillas de playa
Strickjacke	chaqueta de punto, rebeca, (*Am* saco tejido)
Strümpfe	las medias
Strumpfhose	los leotardos, (*Am* el cancán, el panty)
Taschentuch	pañuelo
Trainingsanzug	el traje de entrenamiento, el chándal
Unter/hemd	camiseta
-hose	(Damen) braga; (Herren) el calzoncillo, los calzoncillos
-rock	la combinación, las enaguas
-wäsche	ropa interior

waschmaschinenfest	lavable a máquina
Weste	chaleco
Wildleder/jacke	chaqueta de ante
-mantel	abrigo de ante
Wolle	lana
reine Wolle	lana virgen

Wortliste Farben

beige	beige
blau	azul
dunkelblau	azul oscuro/marino
hellblau	azul claro
braun	marrón
dunkelbraun	marrón oscuro
kastanienbraun	castaño
farbig	de colores
einfarbig	de un solo color
mehrfarbig	de varios colores
gelb	amarillo
golden	dorado
grau	gris
dunkelgrau	gris oscuro, gris antracita
hellgrau	gris claro, gris perla
grün	verde
dunkelgrün	verde oscuro, verde botella
hellgrün	verde claro
lila	lila, malva
orange	naranja
rosa	rosa
rot	rojo
dunkelrot	rojo oscuro
hochrot	rojo vivo
hellrot	rojo claro
schwarz	negro
silbern	plateado
violett	violeta
weiß	blanco

Wortliste Schreibwaren

Ansichtskarte	la (tarjeta) postal
Autokarte	el mapa de carreteras
Bleistift	el lápiz, lapicero
Brief/papier	el papel de escribir
-umschlag	el sobre
Farbstift	pintura, el lápiz de color
Füllfederhalter	pluma (estilográfica)
Klebstoff	la goma, el pegamín
Kohlepapier	el papel carbón
Kugelschreiber	bolígrafo, *(Am* lapicero de bolilla)
Landkarte	el mapa
Notiz/block	el bloc/la libreta de apuntes
-buch	cuaderno (de notas)
Papier	el papel
Packpapier	el papel para empaquetar/*(Am* para empacar)
Radiergummi	goma de borrar
Reiseführer	la guía
Stadtplan	plano de la ciudad
Tesafilm	cinta celo, (*Am* cinta adhesiva)
Tinte	tinta
Zeichenblock	el bloc/el cuaderno de dibujo

Wortliste Toilettenartikel

Augenbrauenstift	el lápiz de cejas
Badesalz	(las) sales de baño
Bürste	cepillo
Damenbinden	los paños higiénicos
Deodorant	el desodorante
Fleckenwasser	el quitamanchas
Haar/bürste	cepillo del pelo
-festiger	el fijador
-klammern	las horquillas

Haar/spray	el spray/la laca para el pelo
-waschmittel	el champú
Handtuch	toalla
Hautkrem	crema para la piel
Kamm	el peine
Kleiderbürste	cepillo de ropa
Kölnisch Wasser	(el) agua de colonia
Krem	crema
Lack	el esmalte
Lidschatten	sombra de ojos
Lippenstift	el lápiz de labios
Lockenwickler	rulo (*Am* rulero)
Mundwasser	(el) agua dentífrica
Nachtkrem	crema de noche
Nagel/feile	lima de uñas
-lack	laca de uñas
-lackentferner	el quitaesmaltes
-schere	tijera de uñas
Papiertaschentücher	los pañuelos de papel
Parfüm	el perfume
Pinzette	las pinzas
Puder	los polvos
-dose	polvera
Körperpuder	(los polvos de) talco
Rasier/apparat	maquinilla de afeitar; (elektrischer) máquina de afeitar
-klinge	cuchilla de afeitar
-pinsel	brocha de afeitar
-seife	el jabón/la crema de afeitar
-wasser	la loción
Reinigungskrem	crema limpiadora
Reisenecessaire	el neceser (de viaje)
Schere	las tijeras, la tijera
Schwamm	esponja
Seife	el jabón
Shampoo	el champú
Sonnenöl	el aceite solar
Spiegel	espejo
Tampon	el tampón

Toilettenpapier	el papel higiénico
Waschlappen	manopla de baño, el guante de tocador
Watte	el algodón
Wimperntusche	el rímmel, máscara
Zahn/bürste	cepillo de dientes
-pasta	pasta de dientes

Wortliste Nahrungsmittel

Äpfel	las manzanas
Apfelsinen	las naranjas
Aprikose	el albaricoque (*Am* damasco)
Aufschnitt	el embutido, los fiambres variados
Bananen	los plátanos, (*Am* las bananas)
Bier	cerveza
Birnen	las peras
Brot	el pan
belegte Brötchen	bocadillo, (*Am* el sándwich)
Brötchen	panecillo
Butter	mantequilla, (*Am* manteca)
Eier	los huevos
Gurken	los pepinos
Hähnchen	pollo
Joghurt	el yogur
Kaffee	el café
Käse	queso
Kekse	galletas, pastas
Konserven	las conservas
Kuchen	la tarta; el pastel
Leberwurst	embutido de hígado
Limonade	limonada
Milch	la leche
Orangensaft	zumo de naranja
Orangeade	naranjada
Pfirsich	el melocotón (*Am* durazno)
Salami	el salchichón (*Am* el salame)
Salat	ensalada
Salz	la sal

Schinken	el jamón (serrano)
— gekocht	el jamón de york, el jamón cocido
— roh	el jamón crudo
Schokolade	el chocolate
Senf	mostaza
Suppe	sopa
Süßigkeiten	los dulces, las golosinas
Tee	el té
Tomaten	los tomates
Wein	vino
rot	vino tinto
weiß	vino blanco
Weintrauben	las uvas
Würstchen	las salchichas
Zitronen	los limones
Zucker	el azúcar

13 Beim Friseur
En la peluquería

Damenfriseur	**Peluquero de señoras**
Können Sie mir einen guten Friseur empfehlen?	¿Podría usted indicarme un buen peluquero?
Kann ich mich für morgen anmelden?	¿Puede usted darme hora (*Am* un turno) para mañana?
• Wie hätten Sie gern Ihr Haar?	¿Cómo quiere que le arregle el pelo?
Waschen und legen, bitte.	Lavar y marcar, por favor.
Waschen und fönen, bitte.	Lavar y secar, por favor.
Ich möchte eine Dauerwelle.	Hágame la permanente, por favor.
Ich möchte mir die Haare färben/tönen lassen.	¿Quiere teñirme el pelo / darme unos reflejos, por favor?

Schneiden, bitte.	Cortar, por favor.
Etwas kürzer.	Un poco más corto.
Nur die Spitzen.	Sólo las puntas.
An den Seiten.	Por los lados.
Bitte etwas toupieren.	Cardar (*Am* Batir) el pelo, por favor.
Bitte kein/nur wenig Haarspray.	No me ponga laca./Sólo un poco de laca, por favor.
Können Sie mir Maniküre machen?	¿Puede hacerme la manicura?
Vielen Dank. So ist es gut.	Muchas gracias. Está muy bien así.

Herrenfriseur — Peluquero de caballeros

Haareschneiden (und Rasieren), bitte.	Cortar el pelo (y afeitar), por favor.
Lassen Sie es bitte lang.	Déjelo largo, por favor.
Nicht zu kurz/Ganz kurz, bitte.	No demasiado corto./Muy corto, por favor.
Hinten / Vorn / Oben / An den Seiten etwas wegnehmen.	Corte un poco por detrás. / por delante. / arriba. / a los lados.
Einen Messerschnitt, bitte.	Un corte de pelo a navaja, por favor.
Nehmen Sie hier bitte noch etwas mehr weg.	Córteme un poco más aquí, por favor.
Den Scheitel, links/rechts, bitte.	La raya a la izquierda/a la derecha, por favor.
Ja danke, es ist gut so.	Está bien así. Muchas gracias.
Wieviel macht es?	¿Cuánto es?

Wortliste Friseur

Bart	barba
bleichen	desteñir
Dauerwelle	la permanente
färben	teñir
frisieren, sich	peinarse
Frisur	peinado
Haar	pelo
-schnitt	el corte de pelo
-spray	el spray para el pelo
-teil	peluca, (*Am* postizo, el peluquín)
-wasser	la loción (para el pelo)
kämmen	peinar
Koteletten	las patillas
legen	marcar
Locken	los rizos, (*Am* los rulos)
Maniküre	manicura
Massage	el masaje
Messerschnitt	el corte de pelo a navaja
Nacken	nuca
Perücke	peluca
sich rasieren lassen	afeitarse
Scheitel	raya
schneiden	cortar
Schnurrbart	el bigote
stutzen	cortar
tönen	dar reflejos
toupieren	cardar, (*Am* batir)
Trockenhaube	el secador
waschen und fönen	lavar y secar
waschen und legen	lavar y marcar
Wasserwelle	la ondulación al agua

AUSSPRACHE SEITE VII

14 Krankheit
Enfermedad

In der Apotheke

En la farmacia

Wo ist die nächste Apotheke (mit Nachtdienst)?	¿Dónde está la farmacia (de guardia) más cercana, por favor?
Ich möchte ...	Quisiera ...
Geben Sie mir bitte etwas gegen ...	¿Me puede dar algo contra ..., por favor?
Dieses Mittel ist rezeptpflichtig.	Para esa medicina se necesita una receta.
Kann ich darauf warten?	¿Puedo esperar?
Wann kann ich es abholen?	¿Cúando puedo venir a recogerlo (*Am* buscarlo)?

Beim Arzt | En la consulta del médico

Können Sie mir einen guten ... empfehlen?	¿Puede usted indicarme un buen
Arzt	médico
Augenarzt	oculista
Frauenarzt	ginecólogo
Hals-Nasen-Ohren-Arzt	otorrinolaringólogo
Hautarzt	dermatólogo
Internisten	internista
Kinderarzt	puericultor, pediatra
Nervenarzt	neurólogo
Praktischen Arzt	médico (general)
Urologen	urólogo
Zahnarzt	dentista?

Wo ist seine Praxis? — ¿Dónde está la consulta (*Am* el consultorio)?

Wann hat er Sprechstunde? — ¿A qué hora tiene consulta?

Ich fühle mich nicht wohl. — No me siento bien.

Ich bin stark erkältet. — Estoy muy resfriado.

Ich habe hier Schmerzen. — Me duele aquí.

Ich habe mich verletzt. — Me he hecho una herida.

Ich bin gestochen/gebissen worden. — Tengo una picadura/mordedura.

Ich habe mir den Magen verdorben. — Tengo una indigestión.

Ich habe keinen Appetit. — No tengo apetito.

Ich habe Durchfall/Verstopfung. — Tengo colitis/estreñimiento.

Ich vertrage das Essen/die Hitze nicht. — La comida/El calor no me sienta bien.

Mir ist oft schlecht/schwindelig. — Me siento mal con frecuencia./Me mareo.

INSTITUTO NACIONAL DE PREVISION		VOLANTE DE ASISTENCIA EN ESTANCIA TEMPORAL
ASEGURADO: Nombre y apellidos		Número C ___/___/___
Persona asistida: Nombre y apellidos		ENFERMEDAD/ACCIDENTE DE TRABAJO (Táchese lo que no proceda)
Diagnóstico		Firma del asegurado
Asistencia dispensada		
INSPECCION MEDICA PROVINCIAL FIRMA Y SELLO	☐ MEDICINA GENERAL ☐ ESPECIALISTA ☐ PRACTICANTE ☐ INGRESO HOSPITALIZACION ☐ SALIDA HOSPITALIZACION (Señálese lo que proceda)	Lugar y fecha _____ Sello (nombre, dos apellidos, n.° colegiado y colegio) y firma.

A. 7/3   2.ª

INSTRUCCIONES A LOS USUARIOS DE ESTE TALONARIO

1. PERSONAS CON DERECHO

Solamente las personas expresamente indicadas en la portada de este talonario pueden recibir asistencia sanitaria por enfermedad, maternidad o accidentes de trabajo, siempre que se solicite antes de la fecha de caducidad del mismo.

La persona que lo utilice deberá identificarse ante el médico, el practicante, la Institución hospitalaria o la farmacia mediante el pasaporte o documento de identidad.

Este talonario tiene validez en todo el territorio nacional.

2. ELECCION DE MEDICO

Puede Vd. elegir médico de medicina general entre los de la Seguridad Social de la zona correspondiente a la localidad de su estancia. La información sobre los médicos que pueden prestarle la asistencia la obtendrá en las Delegaciones provinciales y Agencias del I.N.P.

3. CONSULTA MEDICA

LA ASISTENCIA MEDICA ES TOTALMENTE GRATUITA, salvo lo indicado en el número 7.

La consulta médica se realiza normalmente en los Consultorios de la Seguridad Social. En el caso de que el enfermo no pudiera desplazarse, deberá avisar al médico elegido indicando su nombre y dirección completa para que pueda visitarle.

El médico, al efectuar la consulta, desprenderá un volante del talonario.

De estimar el médico conveniente la práctica de análisis, exploraciones radiológicas, etc., o enviar al enfermo a consulta de especialista, entregará al enfermo un volante según modelo oficial de la Seguridad Social.

4. PRACTICANTES

En caso de considerar conveniente la intervención de un practicante, tanto el médico de medicina general como el médico especialista, le entregarán un volante, según modelo oficial de la Seguridad Social. El practicante, al terminar su intervención, desprenderá un volante del talonario.

5. HOSPITALIZACION

Si el médico considera necesaria la hospitalización del enfermo, entregará al interesado un volante, según modelo

HINWEISE FÜR DIE BENÜTZER DIESER KRANKENSCHEINE

1. PERSONEN DIE ANSPRUCH AUF BEHANDLUNG HABEN

Nur die auf der Vorderseite dieses Krankenscheinheftes ausdrücklich angeführten Personen können ärztl. Hilfe bei Krankheit, Mutterschaft oder Arbeitsunfällen in Anspruch nehmen jedoch nur dann, wenn diese vor Ablauf der Gültigkeitsdauer eingetreten sind. Die berechtigte Person hat sich bei Gebrauch des Krankenscheinheftes vor dem Arzt, technisch ärztlichen Helfer (in Spanien «practicante» genannt) Krankenanstalt oder Apotheke durch den Pass oder Personalausweis auszuweisen.

Dieses Krankenscheinheft hat in ganz Spanien Gültigkeit.

2. AUSWAHL DES ARZTES

Sie können sich den praktischen Arzt unter den Ärzten der Sozialversicherung, die für diesen Ort in dem Sie sich aufhalten zuständig sind, auswählen. Die Provinzialdelegation des Instituto Nacional de Previsión (I.N.P) oder die Geschäftsstellen des I.N.P geben Ihnen Auskunft über die praktischen Ärzte die Ihnen die entsprechende Hilfe leisten können.

3. ÄRZTLICHE BEHANDLUNG

DIE ÄRZTLICHE BEHANDLUNG ERFOLGT KOSTENLOS, mit Ausnahme des unter Punkt 7) genannten Falles. Die ärztl. Behandlung wird normalerweise in der Sprechstunde des I.N.P (Sozialversicherung) vorgenommen. Für den Fall, dass der Kranke nicht fähig wäre den Arzt aufzusuchen hat er den auserwählten Arzt zu verständigen und ihm seinen Namen und genaue Anschrift mitzuteilen damit er den Kranken zu Hause behandeln kann. Der Arzt wird bei Beginn der Behandlung einen Behandlungsschein aus diesem Heft trennen. Wenn der prakt. Arzt die Durchführung einer Laboruntersuchung, Röntgenaufnahmen, usw. für zweckmässig erachtet oder es für angebracht hält, den Kranken in die Praxis eines Facharztes zu überweisen, übergibt er dem Kranken einen Behandlungsschein der den hiesigen Formblättern der Sozialversicherung entspricht.

4. TECHNISCH ÄRZTLICHER HELFER (IN SPANIEN «PRACTICANTE» GENANNT)

Sollten der prakt. Arzt sowie der Facharzt die Einschaltung eines techn. ärztl. Helfers (practicante) für erforderlich halten, wird dem Kranken ein entsprechender Behandlungsschein der den hiesigen Formblättern der Sozialversicherung entspricht, ausgehändigt. Der techn. ärztliche Helfer trennt nach Abschluss der Behandlung einen Bechandlungsschein aus diesem Krankenscheinheft heraus.

5. KRANKENPFLEGE

Für den Fall, dass der Arzt die Aufnahme des Kranken in ein Krankenhaus für erforderlich hält, händigt er dem Betreffenden ein Formblatt aus das dem hiesigen Formblättern der Sozialversicherung entspricht. Auf diesem Formblatt wird

Ich kann nicht schlafen.	No puedo dormir.
Ich kann den Arm/das Bein nicht bewegen.	No puedo mover el brazo/la pierna.
Ich bin gestürzt.	Me he caído.
Das Bein ist geschwollen.	La pierna está hinchada.

AUSSPRACHE SEITE VII

Ich glaube, ich habe mir den Fuß gebrochen/verstaucht.	Creo que me he roto/dislocado el pie

Ich habe
  Kopfschmerzen
  Halsschmerzen.
  Husten.
	Tengo
	  dolor de cabeza.
	  dolor de garganta.
	  tos.

Können Sie mir bitte etwas geben/verschreiben?	¿Podría usted darme/recetarme algo?
Ich bin Diabetiker.	Soy diabético.
Ich erwarte ein Baby.	Estoy embarazada.
Können Sie mir bitte ein ärztliches Attest ausstellen?	¿Podría usted darme un certificado médico?
● Was für Beschwerden haben Sie?	¿Qué molestias siente?
● Wo tut es weh?	¿Dónde le duele?
● Machen Sie sich bitte frei.	Quítese la ropa, por favor.
● Tut es hier weh?	¿Le duele aquí?
● Atmen Sie tief. Atem anhalten, bitte.	Respire profundamente. Contenga la respiración.
● Öffnen Sie den Mund.	Abra la boca.
● Zeigen Sie die Zunge.	Saque la lengua.
● Husten, bitte.	Tosa.

Wie lange fühlen Sie sich schon so?	¿Desde cuándo se siente usted mal?
Wie ist Ihr Schlaf?	¿Duerme usted bien?
Haben Sie Appetit?	¿Tiene usted apetito?
Sie müssen geröntgt werden.	Hay que hacerle una radiografía.
Ich muß Sie an einen Facharzt überweisen.	Hay que consultar a un especialista.
Sie müssen operiert werden.	Es necesario operarle/operarla.
Sie brauchen ein paar Tage Bettruhe.	Debe quedarse en cama unos días.
Sie dürfen nicht soviel rauchen/trinken.	No debe usted fumar/beber tanto.
Es ist nichts Ernstes.	No es nada grave.
Ich werde Ihnen etwas verschreiben.	Le voy a dar una receta.
Nehmen Sie dreimal täglich 1 Tablette (15 Tropfen) vor (nach) dem Essen.	Tome un comprimido (quince gotas) tres veces al día antes (después) de comer.
Nehmen Sie eine Tablette vor dem Schlafengehen.	Tome un comprimido antes de acostarse.

Im Krankenhaus

En el hospital

Schwester, verständigen Sie bitte meine Familie. Hier ist die Anschrift.	Enfermera, haga el favor de avisar a mi familia. Aquí tiene la dirección.
Wie lange muß ich hier bleiben?	¿Cuánto tiempo tendré que quedarme aquí?
Ich kann nicht einschlafen. Geben Sie mir bitte eine Schmerztablette/ Schlaftablette.	No puedo dormirme. ¿Podría darme un calmante/somnífero?

Wann darf ich aufstehen/ausgehen?

¿Cuándo podré levantarme/salir a la calle?

Geben Sie mir bitte eine Bescheinigung über die Dauer des Krankenhausaufenthalts mit Diagnose.

¿Puede darme un certificado con la duración de la estancia en el hospital y con el diagnóstico?

Beim Zahnarzt

En la consulta del dentista

Ich habe (starke) Zahnschmerzen.

Tengo (mucho) dolor de muelas.

Dieser Zahn (oben/unten/vorn/hinten) tut weh.

Me duele este diente (arriba/abajo/delante/atrás).

Ich habe eine Füllung verloren.

Se me ha perdido un empaste (*Am* una tapadura).

Mir ist ein Zahn abgebrochen.

Se me ha roto un diente.

Können Sie ihn plombieren?

¿Podría usted empastarlo?

- Ich muß ihn ziehen.

Tengo que sacárselo.

- Dieser Zahn muß eine Krone bekommen.

Tengo que poner una corona a este diente.

- Ich behandle ihn nur provisorisch.

Voy a hacer solamente una cura provisional.

- Bitte gut spülen.

Enjuáguese bien, por favor.

Können Sie diese Prothese reparieren?

¿Podría usted arreglarme esta dentadura postiza?

- Kommen Sie in zwei Tagen bitte nochmal zum Nachsehen.

Vuelva dentro de dos días para comprobar cómo va.

- Suchen Sie dann zu Hause gleich Ihren Zahnarzt auf.

Cuando vuelva a casa, vaya a ver a s dentista.

Wortliste Krankheiten

Abszeß	absceso
Ader	vena
Allergie	alergia
Anfall	el ataque
ansteckend	contagioso
Ansteckung	contagio
Appetitlosigkeit	falta de apetito
Arm	brazo
Asthma	el asma
Atembeschwerden	(las) dificultades de respiración
atmen	respirar
Augen	ojos
-entzündung	la inflamación de los ojos
Ausschlag	la erupción cutánea
Bauch	el vientre
Behandlung, ärztliche	tratamiento médico
Bein	pierna
Besuchszeit	horario de visita
Blähungen	flato
Blase	vejiga
Blinddarm	el apéndice
-entzündung	(la) apendicitis
Blut	la sangre
-druck	la presión de la sangre
-en	sangrar
-probe	el análisis de sangre
-transfusion	la transfusión de sangre
-ung	hemorragia
-vergiftung	la intoxicación de la sangre
Brechreiz	(las) náuseas
Bruch	(Leisten-) hernia; (Knochen-) fractura
Brust	pecho
-korb	la caja torácica, el tórax
Chirurg	cirujano
Cholera	el cólera
Darm	intestino
desinfizieren	desinfectar
Diagnose	el diagnóstico
Diät	la dieta, el régimen
Diphtherie	difteria
Drüse	glándula

Spanisch

Fragebogen zur Krankheitserkennung für fremdsprachige Eltern kranker Kinder

Cuestionario para el reconocimiento de niños enfermos de padres extranjeros

Bitte beantworten Sie die folgenden Fragen: (Nicht Zutreffendes bitte durchstreichen)
Por favor conteste a las preguntas siguientes: (Táchese lo que no interese)

Name Ihres Kindes:
Nombre y apellidos de su hijo:

Geburtstag: Hausarzt:
Fecha de nacimiento: Médico de cabecera:

Durchgemachte Krankheiten:
Enfermedades padecidas:

| Masern | Scharlach | Röteln | Diphtherie | Keuchhusten | Windpocken | Ruhr | Typhus |
| Sarampión | escarlatina | roséola | difteria | tosferina | varicela | disentería | tifus |

| Tuberkulose | Mumps | | Hepatitis | Lungenentzündung | Krämpfe | |
| tuberculosis | parotiditis epidémica (paperas) | | hepatitis | pulmonía | espasmos (convulsiones) | |

| Augenkrankheiten | Ohrenkrankheiten | Hautausschläge | Rheumatismus | Rachitis |
| enfermedades de los ojos | del oído | erupción cutánea | reumatismo (reuma) | raquitismo |

Jetzige Krankheit:
Enfermedad actual:

| Wie lange schon krank? / ¿Cuánto tiempo lleva enfermo? | 1—3 / 1—3 | 3—8 / 3—8 | 8—30 Tage / 8—30 días | 1—3 Monate / 1—3 meses | länger / más tiempo |

Fieber? / ¿Fiebre? — ja/sí — nein/no

Unruhe? / ¿Inquietud? — ja/sí — nein/no

Erbrechen? / ¿Vómitos? — ja/sí — nein/no

Durchfall? / ¿Diarrea? — ja/sí — nein/no

Stuhlverhaltung? / ¿Estreñimiento, no hacer del cuerpo? — ja/sí — nein/no

Blut im Stuhl? / ¿Sangre en la deposición, sangre en la caca? — ja/sí — nein/no

Schmerzen beim Wasserlassen? / ¿Dolor al orinar? — ja/sí — nein/no

dunkler Urin? / ¿Orina oscura? — ja/sí — nein/no

blutiger Urin? / ¿Sangre en la orina? — ja/sí — nein/no

Husten? / ¿Tos? — ja/sí — nein/no

schwere Atmung? / ¿Dificultad al respirar? — ja/sí — nein/no

Kopfschmerz? / ¿Dolor de cabeza? — ja/sí — nein/no

Bauchschmerz? / ¿Dolor de vientre? — ja/sí — nein/no

andere Schmerzen? / ¿Otra clase de dolores? — ja/sí — nein/no

Hautausschlag? / ¿Erupción cutánea, granos en la piel? — ja/sí — nein/no

Anfälle? / ¿Ataques? — ja/sí — nein/no

wie lange? / ¿Duración? — Minuten / minutos

wie oft? / ¿Frecuencia? — 1 2 3 / 1 2 3 — noch mehr / o más veces

Bewußtlosigkeit? / ¿Desmayo? — ja/sí — nein/no

Muskellähmung? / ¿Parálisis? — ja/sí — nein/no

Deutsch	Español
Durchfall	diarrea
durchleuchten	hacer una radiografía
Eiter	el pus
eitern	supurar
Ellbogen	codo
Entzündung	la inflamación
erbrechen, sich	vomitar, devolver
erkälten, sich	resfriarse
Erkältung	resfriado, (*Am* resfrío)
Facharzt	el especialista
Ferse	el talón
Fieber	la fiebre
Finger	dedo
Füllung (Zahn)	el empaste, (*Am* la tapadura)
Fuß	el pie
Gallenblase	la vesícula
gebrochen	roto
Gehirn	cerebro
-erschütterung	la conmoción cerebral
-schlag	apoplejía, hemorragia cerebral
Gehör	oído
Gelbsucht	ictericia
Gelenk	la articulación
Handgelenk	muñeca
Geschlechtskrankheit	la enfermedad venérea
geschwollen	hinchado
Geschwulst	el tumor
Geschwür	úlcera
Gesicht	cara, rostro
Glieder	los miembros
Grippe	la gripe
Hals	cuello; (Kehle) garganta
-schmerzen	el dolor de garganta
Haut	la piel
-krankheit	la enfermedad de la piel
heiser sein	estar ronco
Herz	el corazón
-anfall	el ataque cardíaco
-fehler	defecto cardíaco
-klopfen	las palpitaciones
-spezialist	cardiólogo

Herzinfarkt	infarto cardiáco
Heuschnupfen	la fiebre del heno
Höhensonne	lámpara de cuarzo/de rayos ultravioleta
Hüfte	cadera
Hühnerauge	ojo de gallo, callo
Husten	la tos
impfen	vacunar
Infektion	la infección
Ischias	ciática
Karies	la caries
Keuchhusten	tosferina, (*Am* la tos convulsa)
Kiefer	mandíbula
Kinderlähmung	la polio(mielitis)
Knie	rodilla
Knöchel	tobillo
Knochen	hueso
-bruch	fractura
Kopf	cabeza
-schmerzen	el dolor de cabeza
Krampf	el calambre, espasmo
krank	enfermo
Krank/enschwester	enfermera
-heit	la enfermedad
Krebs	el cáncer
Kreislaufstörung	(los) trastornos de la circulación
Krone	corona
Kurzsichtigkeit	miopía
Lähmung	la parálisis
Lebensmittelvergiftung	la intoxicación
Leber	hígado
Lunge	el pulmón
-nentzündung	pulmonía
Magen	estómago
-schmerzen	el dolor de estómago
Mandel/entzündung	(las) anginas, (la) amigdalitis
-n	las amígdalas
Masern	el sarampión
Menstruation	la menstruación, el período
Migräne	jaqueca
Mittelohrentzündung	la otitis media

Mumps	las paperas
Mund	boca
Muskel	músculo
Nachtschwester	enfermera de noche
Narkose	anestesia
Nase	la nariz
-nbluten	hemorragia nasal
Nerven	los nervios
nervös	nervioso
Niere	el riñón
-nentzündung	la nefritis
Ohnmacht	desmayo
in Ohnmacht fallen	desmayarse
Ohr	oreja
Operation	la operación
Plombe	el empaste, (*Am* la tapadura)
Pocken	viruela
Puls	pulso
Quetschung	la contusión, magulladura
Rezept	la receta
Rheuma	el reúma
Rippe	costilla
Röntgenaufnahme	radiografía
Röteln	rubeola
Rücken	espalda
Rückgrat	columna vertebral
Schädel	cráneo
Scharlach	escarlatina
Schenkel	muslo
Schiene	tablilla, férula
Schlaflosigkeit	insomnio
Schlaganfall	el ataque de apoplejía
Schlüsselbein	clavícula
Schmerzen	los dolores
Schnittwunde	la herida, el corte
Schnupfen	constipado, (*Am* resfrío)
Schulter	hombro
Schüttelfrost	escalofríos
Schwangerschaft	embarazo
Schweiß	el sudor
Schwellung	la hinchazón

Schwindel	mareo, vértigo
schwitzen	sudar
Sehnenzerrung	la distensión de tendones
Seitenstechen	puntadas en el costado
Sonnen/brand	quemadura por el sol
-stich	la insolación
Spritze	la inyección
Station	la sección
Stich	picadura; pinchazo
Stirnhöhlenentzündung	la sinusitis
Stuhlgang	la deposición
Tetanus	tétano
Trommelfell	tímpano
Typhus	el tifus
Übelkeit	náuseas
Unterleib	el vientre, el abdomen
Untersuchung	el examen
Urin	orina
verbinden	vendar
Verbrennung	quemadura
Verdauung	la digestión
-sstörung	la indigestión
Vergiftung	el envenenamiento, la infección, la intoxicación
verletzen	herir
Verletzung	herida
Verordnung	la prescripción
Verrenkung	la luxación, la dislocación
verschreiben	recetar, prescribir
verstaucht	dislocado
Verstopfung	estreñimiento
weh tun	doler
Windpocken	varicela
Wirbelsäule	columna vertebral
Wunde	herida
Zahn	el diente
-fleisch	encía
-schmerzen	el dolor de muelas
Zehe	el dedo del pie
ziehen (Zahn)	sacar
Zuckerkrankheit	la diabetes
Zunge	lengua

Wortliste Medikamente

Abführmittel	el laxante
Alkohol	el alcohol
Antibabypillen	píldora anticonceptiva
Aspirin	aspirina
Augentropfen	las gotas para los ojos
äußerlich	para uso externo
Beruhigungsmittel	el tranquilizante
Binde	venda
Brandsalbe	pomada para quemaduras
Damenbinden	los paños higiénicos
Desinfektionsmittel	el desinfectante
Einreibemittel	linimento, pomada
Elastikbinde	venda elástica
vor dem Essen	antes de las comidas
nach dem Essen	después de las comidas
Fieberthermometer	termómetro
Gegengift	antídoto
Glyzerin	glicerina
Gurgelwasser	(el) agua para gargarismos
Heftpflaster	esparadrapo
Hustensaft	el jarabe (contra la tos)
innerlich	para uso interno
Insektenmittel	el insecticida
Jod(tinktur)	tintura de yodo
Kamillentee	camomila
Kopfschmerztabletten	las pastillas para el dolor de cabeza
Kreislaufmittel	medicamento para la circulación de la sangre
auf nüchternen Magen	en ayunas
Magentropfen	las gotas para el dolor de estómago
Mittel	medicina, remedio
Mullbinde	gasa
Ohrentropfen	las gotas para los oídos
Pfefferminze	menta
Pflaster	esparadrapo

Pillen	las píldoras
Präservativ	preservativo
Puder	(los polvos de) talco
Salbe	pomada
Schlaftabletten	los somníferos
Schmerztabletten	las pastillas contra el dolor
Schnellverband	el vendaje provisional
Tablette	pastilla, comprimido
Traubenzucker	glucosa
Tropfen	las gotas
Verbandszeug	(los) vendajes
Vitamintabletten	(las) vitaminas en comprimidos
Watte	el algodón
Zäpfchen	los supositorios

AUSSPRACHE SEITE VII

Wörterbuch Spanisch-Deutsch

Beachten Sie:
- **ch, ll** und **ñ** sind im Spanischen selbständige Buchstaben:
  ch folgt auf **c** *(curva — chalet);*
  ll folgt auf **l** *(luz — llama);*
  ñ folgt auf **n** *(anuncio — añadir).*
- Substantive mit der Endung **o** sind männlich; Substantive mit der Endung **a** sind weiblich.
  Nur bei Abweichungen von dieser Regel (**cura** *m* Priester) und bei anderen Endungen wird das Geschlecht der Substantive angegeben (**bar** *m*, **café** *m*, **cuestión** *f*).

A

a an; *(Richtung)* nach; *(Zeitangabe)* um; *(Richtung)* zu; **a Correos** auf die Post; **a la mesa** bei Tisch
abajo unten; **hacia abajo** abwärts
abandonar verlassen
abarcar *(s. erstrecken)* reichen
abierto offen, geöffnet; *(offen)* auf
abogado Anwalt, Rechtsanwalt
abrazar umarmen
abrelatas *m* Dosenöffner, Büchsenöffner
abreviatura Abkürzung
abrigo Mantel
abrir öffnen, aufmachen
absolutamente *(adv)* unbedingt
abuela Großmutter
abuelo Großvater
aburrido langweilig
abusar mißbrauchen
abuso Mißbrauch
acá hierher
acabar aufhören; *(Arbeit)* ausführen; enden; vollenden
acampar zelten
acceso Zugang
accidente *m* Unfall; Unglück
acción *f* Tat
aceite *m* Öl; **aceite combustible** *m* Heizöl
acelerar beschleunigen
acento *(Betonung)* Ton
aceptación *f* Annahme
aceptar annehmen; *(Einladung)* zusagen
acercarse s. nähern

aclarar *(deutlich machen)* erklären
acomodado wohlhabend
acompañar begleiten
aconsejar raten
acontecimiento Ereignis
acordar vereinbaren
acordarse s. erinnern *(de* an*)*
acostarse zu Bett gehen, s. hinlegen
acostumbrado gewöhnt
acostumbrarse s. gewöhnen *(a* an*)*
actividad *f* Tätigkeit
actualmente zur Zeit
actuar handeln
acuerdo Einverständnis; **¡de acuerdo!** einverstanden! **estar de acuerdo/conforme(s)** einig sein; zustimmen
acuse de recibo *m* Empfangsbestätigung
adecuado *(geeignet)* richtig; geeignet zu
adelantar überholen
adelantarse *(Uhr)* vorgehen
adelante vorwärts; **¡adelante!** herein!
adelgazar *(dünner werden)* abnehmen
además außerdem; sonst
adinerado wohlhabend
adivinar *(erraten)* raten
administración *f* Verwaltung
admirar bewundern
adónde wohin
aduana Zoll

afilado scharf
afirmar behaupten
afuera draußen
afueras *f pl* Vorort, Vorstadt
agarradero Handgriff
agarrar ergreifen; fangen; pflücken
agencia Agentur; **agencia de viajes** Reisebüro
agitado *(Meer)* bewegt
agotado erschöpft
agradable angenehm
agradar gefallen
agradecer denken
agradecido dankbar
agricultor *m* Bauer
agrio sauer
agua Wasser
aguja Nadel
agujero Loch
ahí dort
ahora jetzt; nun; **ahora mismo** *(zeitlich)* eben
ahorita *(Am)* gleich
ahorrar sparen
aire *m* Luft; **al aire libre** frei, im Freien
ajustar richtigstellen
alabar loben
alambre *m* Draht
alargar verlängern
alberca *(Mex)* Schwimmbad
alcanzar erreichen
alcohol *m* Alkohol; **alcohol de quemar** Brennspiritus
aldea Dorf
alegrarse s. freuen *(de* auf, über)
alegre *(lustig)* froh; leicht betrunken
alegría Freude
alegrón *(Am)* leicht betrunken
alejado entfernt
alemán deutsch; *m* der Deutsche; **alemana** die Deutsche
Alemania Deutschland
alfiler *m* Stecknadel
algo etwas; irgendetwas
algodón *m* Baumwolle; Watte
alguien jemand
algún, alguno irgendein; jemand; **a algún sitio** irgendwohin; **en algún sitio** irgendwo; **alguna cosa** irgendetwas; **de alguna manera** irgendwie; **algunos** einige, ein paar
alianza Ehering

alimentos *m pl* Nahrungsmittel
almacenes: grandes almacenes *m pl* Warenhaus
almohada Kopfkissen
almuerzo Mittagessen
alquilar mieten; vermieten
alquiler *m* Miete
alrededor de um *(herum)*
alrededores *m pl* Umgebung; Nähe
altavoz *m* Lautsprecher
alto *(Statur)* groß; hoch; laut; **¡alto!** halt!
altoparlante *m (Am)* Lautsprecher
altura Größe; Höhe
alumbrado *m* Beleuchtung; *(adj)* beleuchtet
allá dort; da
allí da; dort; **allí abajo** dort unten; **allí arriba** dort oben
amabilidad *f* Liebenswürdigkeit; Freundlichkeit
amable freundlich; liebenswürdig; nett
amanecer *m* Morgendämmerung
amar lieben
amargo bitter
amarillo gelb
ambiente: el (medio) ambiente Umwelt
ambos beide
amiga *f* Freundin
amigo Freund; **ser amigo** befreundet sein *(de* mit)
amistad *f* Freundschaft
amor *m* Liebe
ampolleta *(Am)* Glühbirne
amueblar möblieren
ancho breit; *(Gegenteil von eng)* weit
andar zu Fuß gehen
anexo *(Brief)* Anlage
anillo Ring
animal *m* Tier
anochecer *m* Abenddämmerung
anteayer vorgestern
antemano: de antemano im voraus
antes *(eher)* früher; vorher; **antes de** bevor; *(zeitlich)* vor; **antes de ayer** vorgestern
antigüedades *f pl* Antiquitäten
antiguo *(aus früheren Zeiten)* alt; antik
antipático unfreundlich

anual(mente) jährlich
anular *(Fahr-, Flugkarten)* abbestellen
anunciar anmelden; melden
anuncio *(Inserat)* Anzeige; Inserat; Reklame
añadir hinzufügen
año Jahr; **año nuevo** Neujahr
apagar auslöschen; löschen
aparato Apparat
aparcamiento Parkplatz
aparcar parken
aparecer erscheinen
aparentemente anscheinend
aparte extra
apellido Familienname
apenas kaum
apimpado *(Am)* betrunken
aplauso Beifall
aplazamiento Aufschub
aplazar aufschieben
aplicado fleißig
aplicar *(Gesetz)* anwenden
apostar wetten
apoyo Unterstützung
apreciar schätzen
aprender lernen
apretar *(Knopf)* drücken
aprobar einwilligen
apropiado para geeignet zu
aproximadamente etwa
aproximado ungefähr
apuesta Wette
apuntar notieren
apunte *m* Aufzeichnung
apurarse *(Am)* s. beeilen
apuro *(Am)* Eile
aquel jener
aquella jene
aquello jenes
aquí hier
árbol *m* Baum
arder brennen
arena Sand
argolla *(Am)* Ring
aro Ring
arreglar regeln; erledigen; **arreglar un asunto** eine Angelegenheit erledigen
arreglo Reparatur
arriba oben
arte *m* Kunst
artículo Artikel
artista *m f* Künstler, Künstlerin
asado Braten
asar braten

ascender *(im Rang)* befördern
ascensor *m* Aufzug; Fahrstuhl; Lift
asegurar versichern
así also; so
asidero Handgriff
asiento Sitz; Sitzplatz
asociación *f* Verein
asombrarse s. wundern *(de* über)
aspecto Ansicht; **tener aspecto de** aussehen
astuto schlau
asunto Angelegenheit; Gesprächsgegenstand; Sache
asustar erschrecken
atajo *(Weg)* Abkürzung
atar binden
atardecer *m* Abenddämmerung
atención *f* Achtung; ¡ **atención!** Vorsicht!
atento aufmerksam
aterrizaje *m* Landung
aterrizar landen
atraco Überfall
atrás: hacia atrás zurück
atravesar überschreiten
atreverse a wagen
aumentar *(Preise)* erhöhen
aún noch
aunque obwohl; obgleich
auricular *m (tele)* Hörer
ausente abwesend; fort; weg
Austria Österreich
austríaco *m* Österreicher
auténtico echt; wirklich
autobús *m* Bus; Omnibus
automático automatisch
auto(móvil) *m* Auto; Wagen
autoridad pública *f* Behörde
autorización *f* Vollmacht
autorizado para berechtigt zu
autorizar *(erlauben)* zulassen
avanzar vorwärtsgehen
avisador de incendios *m* Feuermelder
avisar anmelden; benachrichtigen
aviso Inserat; *(Am)* Anzeige; Nachricht
ayer gestern; **antes de ayer** vorgestern
ayuda Hilfe
ayudar helfen; behilflich sein (*a alg* jdm)
azúcar *m* Zucker
azul blau; **azul claro/oscuro** hell/dunkelblau

B

bahía Bucht
bailar tanzen
baile *m* Tanz; *(Fest)* Ball
bajar aussteigen; hinuntergehen
bajo *(adj)* flach; leise; nieder, niedrig; *(niedrig)* tief; *(Statur)* klein; *prp* unter; **los bajos** *(Am)* Erdgeschoß
balanza Waage
balde: en balde *(vergeblich)* umsonst
banco Bank
banda Musikkapelle
bañarse *(schwimmen)* baden; *(Wanne)* baden
baño Bad
bar *m* Imbißstube
barato billig
barca Boot; Kahn
barco Schiff
barrera *(Bahnhof)* Sperre
barrio Stadtteil
barro *(Schlamm)* Schmutz
bastante genug; ziemlich
bastar ausreichen
bastón *m* Stock
basura Abfall

beber trinken
bebida Getränk
bebido leicht betrunken
belga *m f* Belgier, Belgierin
Bélgica Belgien
belleza Schönheit
bello schön
benévolo wohlwollend
besar küssen
beso Kuß
betún *m* Schuhcreme
bicicleta Fahrrad
bien *(adv)* gut; wohl; *m* Wohl; **más bien** *(adv)* lieber

bienestar *m* Wohlbefinden
bienvenido willkommen
billete *m* Fahrkarte; Geldschein; Gepäckschein
blanco weiß
blando weich
bobo dumm
boca Mund
bocadillo belegtes Brötchen
bocado Imbiß
boda Heirat; *(Feier)* Hochzeit
bohío *(Am)* Hütte
boina Mütze
boletín *m (Am)* Gepäckschein
boleto *(Am)* Eintrittskarte; *(Am)* Fahrkarte
bolsa Beutel; Tüte
bolsillo Tasche
bolso Handtasche
bombilla Glühbirne
bonito hübsch; nett
borde *m* Rand
borracho betrunken
bosque *m* Wald
bote *m* Boot; Kahn; *(Konserve)* Büchse
botella Flasche
botón *m* Knopf
bramante *m* Bindfaden
brazo Arm
breve kurz
brillante glänzend, leuchtend
brillar glänzen; scheinen
broma Scherz; Witz; Spaß
brújula Kompaß
bucear tauchen
buen *(adj)* gut
bueno *(adj)* gut; lieb; **buena salud** *f* Wohlbefinden
buque *m* Dampfer
buscar suchen
buzón *m* Briefkasten

C

caballo Pferd
cabaña Hütte
cabaret *m* Nachtlokal
cabeza Kopf
cabina Kabine; **cabina telefónica** Telefonzelle
cada jeder; jeder einzelne; **cada dos horas** alle zwei Stunden; **cada uno** jeder einzelne; **cada vez** jedesmal
cadena Kette
caer fallen; stürzen
café *m* Café; Kaffee
cafetería Imbißstube
caída Sturz
caja Büchse; Dose; Kasse; Kiste; Schachtel; **caja de cerillas** Streichholzschachtel; **caja de conservas** Konservenbüchse; **caja de enchufe** Steckdose
calcular berechnen; rechnen
calefacción *f* Heizung
calentar heizen; wärmen
calidad *f* Qualität
caliente warm
calma *(Stille)* Ruhe
calmarse s. beruhigen
calor *m* Hitze; Wärme
callado schweigend
callarse schweigen
calle *f* Straße; **calle principal** *f* Hauptstraße
calleja Gasse
cama Bett
cámara Fotoapparat
camarero Kellner
camarote *m* Kabine
cambiar ändern; austauschen; tauschen; umtauschen; verändern; vertauschen; *(Geld)* wechseln; **cambiar de** umsteigen; **cambiarse de ropa** s. umziehen
cambio Austausch; Geldwechsel; Umrechnung; Veränderung; Wechsel
camino Weg; **en (el) camino** unterwegs

camión *m* Lastwagen
camisa Hemd
campana Glocke
campanario Kirchturm
campesino Bauer
cámping *m* Camping; Zeltplatz
campo Feld; Land; **campo de deportes** Sportplatz; **campo de golf** Golfplatz
cancelar *(Zimmer)* abbestellen
canción *f* Gesang; Lied
cancha de tenis *(Am)* Tennisplatz
cansado müde
cansar ermüden
cantar singen
cantidad *f* Menge
canto Gesang

caña Rohr
cañería *(Gas, Wasser)* Leitung
capaz fähig; tüchtig; **ser capaz de** imstande sein
capilla *(Gebäude)* Kapelle
capital *f* Hauptstadt
capitán *m* Kapitän
Personalausweis
cara Gesicht
carbón *m* Kohle
carga Fracht
cargar aufladen
cariño Liebling; Liebe
carne *f* Fleisch
carnet *m* **carnet de identidad** Personalausweis
caro teuer; kostspielig
carretera Landstraße
carro *(Am)* Wagen
carta Brief; Speisekarte
cartera Brieftasche; Aktenmappe
cartero Briefträger

casa Haus; **casa de campo** Landhaus; **en casa** daheim
casado verheiratet *(con* mit)
casarse heiraten
casi fast; beinahe

caso *(Vorfall)* Fall; **en caso contrario** *(Gegensatz)* sonst; **en caso de necesidad** im Notfall; **en caso de que** falls; **en ese caso** *(in diesem Falle)* dann
castaño *(Haar)* braun
castigo Strafe
castillo Burg; Schloß
casual zufällig
casualidad *f* Zufall
catalán *m* Katalane; Katalanisch
catálogo Verzeichnis
Cataluña Katalonien
catedral *f* Dom
caución *f* Kaution
causa Grund; Ursache; **a causa de** wegen
causar verursachen
caza Wild
cazuela Kochtopf
célebre berühmt
cementerio Friedhof
cena Abendessen
central zentral
centro Zentrum; Mitte
cepillar bürsten
cepillo Bürste; **cepillo de dientes** Zahnbürste; **cepillo de ropa** Kleiderbürste; **cepillo del calzado** Schuhbürste
cerámica Keramik
cerca de bei; nahe bei; **muy cerca** dicht dabei
cercano nah
cerilla Streichholz
cero Null
cerrado geschlossen; zu
cerradura Türschloß
cerrar schließen; zumachen; **cerrar con llave** zuschließen
cerrojo Riegel
certificado Bescheinigung; Zeugnis
certificar bescheinigen
cerveza Bier
cesta Korb

ciego blind
cielo Himmel
cien hundert; **cien veces** hundertmal
ciento hundert; **por ciento** Prozent
cierre: cierre *m* **relámpago** *(Am)* Reißverschluß
ciertamente *(adv)* gewiß; sicher
cierto *(adj)* sicher; gewiß; bestimmt
cigarrillo Zigarette
cigarro Zigarre
cima Gipfel; Spitze
cine *m* Kino
cinta das Band
circular *(Verkehrsmittel)* verkehren
circunstancias *f pl* Umstände
cita Verabredung
citarse s. verabreden
ciudad *f* Stadt

claro deutlich; klar; hell
clase *f* Klasse; Sorte; Unterrichtsstunde
clavel *m* Nelke
clavija Stecker
clavo Nagel
cliente *m* Käufer, Kunde
clínica Krankenhaus

cobrador *m* Schaffner
cocer kochen
cocido: bien cocido gut durch
cocina Küche
cocinero Koch
coche *m* Auto; **coche-cama** *m* Schlafwagen; **coche-dormitorio** *(Am)* Schlafwagen; **coche-restaurante** *m* Speisewagen
coger pflücken; fangen; ergreifen
cojín *m* Kissen
colección *f* Sammlung
coleccionar sammeln
colgar aufhängen
colina Hügel
colocar setzen; stellen
color *m* Farbe; **de color** farbig; **de colores** bunt; **en/de colores** farbig
columna Säule
collar *m* Halskette
comedor *m* Speisesaal
comenzar anfangen
comer essen
comestible eßbar
comestibles *m pl* Lebensmittel
comida Mahlzeit; Mittagessen; Speise; Verpflegung; **hacer la comida** kochen
comienzo Beginn
comisaría Polizeiwache
como *(Grund)* da; *(Vergleich)* wie

cómo *(Frage)* wie; wieso; ¿ **cómo dice(s)?** wie bitte? ¿ **cómo no?** *(Am)* selbstverständlich; **como si** als ob
comodidad *f* Bequemlichkeit
cómodo bequem
comparación *f* Vergleich
comparar vergleichen
compartir teilen *(con* mit)
compasión *f* Mitleid
compatriota *m* Landsmann
competencia Wettbewerb
completamente *(adv)* ganz; vollständig
completo *(voll)* besetzt; *(vollständig)* ganz
comportamiento Benehmen
compra Besorgung; Kauf
comprador *m* Käufer
comprar kaufen, einkaufen
comprender *(s. erstrecken)* reichen
comprobar nachprüfen
común *(adj)* gemeinsam; **en común** *(adv)* gemeinsam
comunicación *f* Mitteilung; *(tele)* Anschluß; Verbindung
comunicar mitteilen; *(berichten)* melden
con mit; **con este tiempo** bei diesem Wetter
conceder gewähren
concienzudo gewissenhaft
concierto Konzert
concurso Wettbewerb
condición *f* Bedingung
conducir *(lenken)* fahren; führen
conducta Benehmen
conductor *m* Fahrer
conferencia telefónica Telefongespräch
confiado vertrauensvoll
confianza Vertrauen; **de confianza** zuverlässig
confiar vertrauen *(en* auf)
confirmar bestätigen
conforme einverstanden; **no estar conforme con** dagegen sein
confundir verwechseln
conjunto das Ganze
conmovido *(Gefühl)* bewegt
connacional *m (Am)* Landsmann
conocer kennen; kennenlernen
conocido bekannt; *m* der Bekannte
conocimiento Kenntnis

consciente bewußt
conseguir *(durch Bemühung)* erhalten; erreichen
consejo Rat
consentir einwilligen
conserje *m* Portier
conservar behalten; aufbewahren
considerable beträchtlich
consideración *f* Rücksicht
considerar betrachten *(como* als)
consigna Gepäckaufbewahrung
constar bestehen *(de* aus)
constitución *f* Verfassung
construir bauen
consulado Konsulat
consultar konsultieren
consumir verbrauchen
consumo Verbrauch
contacto Kontakt; Berührung; Verbindung
contar berechnen; erzählen; zählen
contener enthalten
contenido Inhalt
contento zufrieden *(de* mit); erfreut *(de* über)
contestación *f* Antwort
contestar antworten; erwidern
contigo mit dir
continuar fortsetzen
contra gegen
contrario *(adj)* entgegengesetzt; umgekehrt; *m/n* Gegenteil; **al contrario** im Gegenteil
contratiempo Unannehmlichkeit
contrato Vertrag
controlar prüfen
convencer überreden; überzeugen
conveniente zweckmäßig
convenir vereinbaren
convento Kloster
conversación *f* Gespräch; Unterhaltung
copa Trinkglas
corazón *m* Herz
cordial herzlich
cordialidad *f* Herzlichkeit
cordón *m* Schnur; Schuhband
correa Riemen
correcto korrekt
corregir verbessern
correo Post; **oficina de correos** Postamt
correr laufen, rennen; fließen
correspondencia Briefwechsel

corriente *(adj)* gebräuchlich; *f (el)* Strom; **corriente de aire** *f* Luftzug
corrompido verdorben
cortante scharf
cortar schneiden
cortés höflich
cortesía Höflichkeit
cortina Vorhang
corto kurz; **a corto plazo** kurzfristig
cosa Sache, Ding
costa Küste
costar kosten
coste *m* Kosten
costoso kostspielig
costumbre *f* Gewohnheit; **como de costumbre** wie gewöhnlich
cotidiano *(adj)* täglich
crecer wachsen; *(anwachsen)* zunehmen
crédito Kredit
creer glauben
cremallera Reißverschluß
crimen *m* Verbrechen
cristal *m* Glas; Fensterscheibe
cruce *m (Straße)* Kreuzung
cuaderno Heft
cuadrado viereckig
cuadro *(Gemälde)* Bild
cuál welcher
cualidad *f* Eigenschaft
cualquier(a) jeder beliebige
cuando *(zeitlich)* als; wenn
cuándo wann
cuánto wieviel

cuarto Zimmer; Raum; **cuarto de estar** Wohnzimmer; **un cuarto** ein Viertel
cubierta Deck
cubierto bedeckt
cubiertos *m pl* Besteck
cubrir bedecken
cuchara Löffel
cuchillo Messer
cuello Hals
cuenta Rechnung
cuento *(Erzählung)* Geschichte
cuerda Bindfaden; Schnur; Seil
cuero Leder
cuerpo Körper
cuesta Hang; **cuesta abajo** bergab; **cuesta arriba** bergauf
cuestión *f (Problem)* Frage
cuidado Achtung; **¡cuidado!** Vorsicht!; **tener cuidado** aufpassen *(de, con* auf); sorgen *(de* für)
cuidadoso sorgfältig; vorsichtig
cuidar sorgen *(de* für)
culpa Schuld
cumbre *f* Gipfel; *(Gebirge)* Spitze
cumpleaños *m* Geburtstag
cumplir halten
cuñada Schwägerin
cuñado Schwager
cura *m* Priester
curiosidad *f* Neugierde; **curiosidades** *f pl* **turísticas** Sehenswürdigkeiten
curioso neugierig
curso Kurs
curva Kurve

CH

chalet Villa
charlar s. unterhalten
cheque *m* Scheck

chica Mädchen
chico Junge

chincheta Reißnagel
chispa Funke
chiste *m* Scherz; Witz
chófer *m* Chauffeur
choque *m* Zusammenstoß
chorro Wasserstrahl

D

dama Dame
dañar schaden
dañino schädlich
daño Schaden; Beschädigung
dar geben; **dar indicaciones** Angaben machen; **dar la hora** *(Uhr)* schlagen; **dar la vuelta** *(Geld)* herausgeben; *(zurückgehen)* umkehren; **dar las gracias** danken; **dar recibo** quittieren; **dar un paseo** einen Spaziergang machen; **dar vuelta a** wenden
dato Angabe; **datos personales** *m pl* Personalien
de aus; von
de día/noche bei Tag/Nacht
de dónde woher
debajo de unter; unterhalb
deber sollen; müssen; schulden; *m* Pflicht
débil schwach
debilidad *f* Schwäche
decidir entscheiden; **decidirse** s. entschließen; beschließen
decir sagen
decisión *f* Entschluß
declarar erklären; verzollen
dedo Finger
defecto Fehler; Defekt; Mangel
defender verteidigen
definitivamente *(adv)* endgültig
definitivo endgültig
dejar lassen; liegen lassen; verlassen; **dejar atrás** zurücklassen
delante de vor
deletrear buchstabieren
delgado dünn; schlank
delicado fein; zart
demás: por lo demás übrigens
demasiado zuviel, zu sehr, zu
demostrar beweisen
denso dicht
dentro drin, drinnen; innen; **dentro de** innerhalb; **dentro de poco** demnächst; **dentro de una semana** in einer Woche
denuncia *(Polizei)* Anzeige

departamento *(Am)* Wohnung
deporte *m* Sport
depositar hinterlegen
depósito Behälter
deprisa *(adv)* rasch
derecho rechte, r, s; gerade; **a la derecha** rechts; *m* Recht; **derechos** *m pl* Gebühren; **derechos de aduana** Zollgebühren; **con derecho a** berechtigt zu
desagradable unangenehm, unerfreulich
desagradecido undankbar
desaparecer verschwinden
desarrollar entwickeln
desarrollo Entwicklung
desayuno Frühstück
descansar s. erholen, s. ausruhen
descanso Ruhe
descargar abladen
desconfiar mißtrauen
desconocido unbekannt; fremd
desconsiderado rücksichtslos
descontento unzufrieden
descortés unhöflich
describir beschreiben
descubrir entdecken
descuento Ermäßigung, Rabatt
descuidado nachlässig; unvorsichtig
descuidar vernachlässigen
desde seit; ¿**desde cuándo?** seit wann? **desde entonces** seitdem; **desde hace** *(Zeitraum)* seit
desear wünschen; wollen
desembocar münden, einmünden
deseo Wunsch
desesperado verzweifelt
desfavorable ungünstig
desgracia Unglück
desgraciadamente unglücklicherweise, leider
desgraciado unglücklich
deshacer *(Koffer)* auspacken
desilusionado enttäuscht
desnudarse s. ausziehen
desorden *m* Unordnung

despacho *(Dienststelle)* Amt
despacio *(adv)* langsam
despedirse s. verabschieden
despegue *m (Flugzeug)* Start
despertador *m* Wecker
despertar wecken; **despertarse** aufwachen
despierto wach
después danach; dann; nachher; **después de** *(zeitlich)* nach
destinatario *(Post)* Empfänger
destrozar zerreißen
destruir zerstören
desventaja Nachteil
desviación *f* Umleitung
detalle *m* Einzelheit
detenerse s. aufhalten; stehenbleiben
deteriorar beschädigen; **deteriorarse** schlecht werden
determinado *(adj)* bestimmt
detrás hinten
deuda *(Geld)* Schuld
devolver zurückgeben, zurückbringen; zurückzahlen
día *m* Tag; **día de fiesta** Feiertag; **día laborable** Werktag
diariamente *(adv)* täglich
diario *(adj)* täglich; **a diario** *(adv)* täglich
dibujar zeichnen
dichoso glücklich
diente *m* Zahn
diferencia Unterschied
diferente *(adj)* anders; verschieden
difícil schwierig
dificultad *f* Schwierigkeit
diligente fleißig
dinero Geld; **dinero efectivo/en metálico** Bargeld; **dinero suelto** Kleingeld
Dios Gott
dirección *f* Adresse; Anschrift; Direktion; Richtung
directamente *(adv)* direkt
directo *(adj)* direkt
director *m* Direktor; der Leiter
dirigirse s. wenden (*a* an)
disco Schallplatte; **disco de larga duración** Langspielplatte
discreción *f* Diskretion; **a discreción** nach Belieben
disculpar entschuldigen; **disculparse** s. entschuldigen
discusión *f* Streit

disfrutar de genießen
disminuir abnehmen
disparar schießen
disputa Streit
distancia Abstand, Entfernung
distante entfernt
distinguido *(vornehm)* fein
distinguir unterscheiden; **distinguirse** s. unterscheiden (*de* von)
distinto *(adj)* anders, verschieden
distribución *f* Verteilung
distribuidor *m* **automático** Warenautomat
distribuir verteilen
diversión *f* Vergnügen; Spaß; Unterhaltung
divertido unterhaltend; lustig
divertirse s. amüsieren
dividir teilen; trennen
divisas *f pl* Devisen
doblar biegen, einbiegen
doble doppelt
docena Dutzend
doctor *m* Doktor
documento Dokument
doler schmerzen
dolor *m* Schmerz; **dolor de cabeza** *m* Kopfschmerzen
doloroso schmerzhaft
domicilio Wohnort, Wohnsitz
domingo Sonntag
don *(vor Vornamen)* Herr
donde wo
doña *(vor Vornamen)* Frau
dormir schlafen; **dormirse** einschlafen
dormitorio Schlafzimmer
dos zwei; **los dos** beide

ducha Dusche
duda Zweifel; **sin duda** ohne Zweifel
dudar zögern; **dudar de algo** zweifeln an etw
dudoso zweifelhaft
dueño Wirt
dulce süß
duna Düne
duración *f* Dauer
duradero haltbar
durante *(prp)* während; **durante el viaje** auf der Reise; **durante la comida** beim Essen
durar dauern
dureza Härte
duro hart

E

echar werfen; *(Briefe)* einwerfen; **echarse** s. hinlegen
edad *f* Alter
edificio Gebäude
educación *f* Erziehung
efectivamente in der Tat
efecto Wirkung; **en efecto** in der Tat
eficaz wirksam
ejemplo Beispiel
ejercer *(Beruf)* ausüben
ejercicio Übung
ejercitar üben
él er
elecciones *f pl* Wahlen
elegante vornehm
elegir aussuchen, wählen
ella *(Sing)* sie
ellas *(Pl)* sie
ellos *(Pl)* sie
embajada Botschaft
embalaje *m* Verpackung
embalar verpacken
embarcarse s. einschiffen
emborracharse s. betrinken
emisión *f (Radio, Fernsehen)* Sendung
empapado naß
empaque *m (Am)* Verpackung
empaquetar verpacken
empezar anfangen
empleado beschäftigt; *m* Angestellter; **empleado de aduanas** Zollbeamter
emplear anwenden; benutzen; verwenden
empleo *(Anstellung)* Arbeit, Stelle; Verwendung
empresa Firma; Unternehmen
empujar drücken; stoßen
en auf; an; in; *(zeitlich)* innerhalb; **en español** auf spanisch; **en la calle** auf der Straße
encaje *(Gewebe)* Spitze
encantado entzückt
encantador entzückend, bezaubernd
encargar bestellen
encargo Bestellung
encendedor *m* Feuerzeug
encender *(Licht)* anmachen; anzünden
encontrar finden; treffen; begegnen; **encontrarse** s. befinden; liegen
enfadado *(verärgert)* böse
enfadarse s. ärgern *(por* über)
enfermedad *f* Krankheit
enfermera Krankenschwester
enfermo krank
enfrente de gegenüber
engañar betrügen
engaño *(Gaunerei)* Betrug
engordar *(dicker werden)* zunehmen
enhorabuena Glückwunsch
enorme gewaltig
enseñar lehren, unterrichten; vorzeigen, zeigen
entender verstehen; **entender mal** mißverstehen
enterarse de erfahren
entero *(vollständig)* ganz
entonces also; *(anschließend)* dann; damals
entrada Eintritt, Eintrittskarte; Eingang; Einfahrt
entrar eintreten; hineingehen; **entrar en** betreten
entre zwischen; *(zwischen)* unter; **entre otras cosas** unter anderem
entregar liefern; überbringen; übergeben
entremeses *m pl* Vorspeise
entretanto inzwischen
entusiasmado begeistert *(con* von)
enviar schicken, senden; wegschicken; nachsenden; *(Post)* aufgeben
envolver einpacken, einwickeln
equipaje *m* Gepäck; **equipaje de mano** *m* Handgepäck
equipo *(Sport)* Mannschaft

equivalente gleichwertig; *m* Gegenwert
equivocación *f* Mißverständnis; **por equivocación** aus Versehen
equivocarse s. irren; s. täuschen; s. verrechnen
error *m* Irrtum; Mißverständnis
esa *(in der Nähe)* diese
esbelto schlank
escala Zwischenlandung
escalera Treppe; die Leiter
escaparate *m* Schaufenster
escarpado steil
escaso gering
escoger aussuchen, wählen
esconder verbergen
escribir schreiben
escritura Schrift
escuchar zuhören
escuela Schule
ese *(in der Nähe)* dieser
esforzarse s. bemühen
esfuerzo Mühe; Anstrengung
esmerado sorgfältig
esmero Sorgfalt
espacio Raum
espantoso fürchterlich
España Spanien
español spanisch; *m* Spanier
española *f* Spanierin
especial speziell; Sonder...
especialmente besonders; extra
espectáculo Schauspiel; Veranstaltung; **espectáculo de variedades** Revue
espectador *m* Zuschauer
espejo Spiegel
esperar hoffen; erwarten; warten
esposa Ehefrau
esposo Ehemann
esquina Ecke
esta diese; **esta noche** heute nacht; **esta tarde** heute abend
establecer festsetzen
estación *f* Jahreszeit; Saison; **estación balnearia/climática** Kurort; **estación central** Hauptbahnhof; **estación de servicio** Tankstelle; **estación final** Endstation
estadía *(Am)* Aufenthalt
estado Staat; Zustand; Verfassung
estafador *m* Schwindler
estampilla *(Am)* Briefmarke
estancia Aufenthalt; *(Am)* Bauernhof

estar sein; liegen; stehen; **estar asustado** erschrocken sein; **estar de pie** stehen; **estar echado** liegen; **estar sentado** sitzen
este dieser
este *m* Osten
estorbar stören
estorbo Störung
estrecho schmal; eng
estrella Stern
estropeado kaputt; verdorben
estropear beschädigen; verderben; **estropearse** schlecht werden
estudiante *m* Student
estudiar studieren
estudio Studium
estufa Ofen
estúpido dumm
etcétera und so weiter
Europa Europa
europeo europäisch; *m* Europäer
eventualmente eventuell
evidentemente offenbar
evitar vermeiden
exactitud *f* Genauigkeit
exacto genau; richtig
exagerado übertrieben
examen *m* Prüfung
examinar prüfen
excelente ausgezeichnet; großartig
excepción *f* Ausnahme
excepto außer
excursión *f* Ausflug
excusa Entschuldigung
excusar entschuldigen, verzeihen
exento frei (von Abgaben)
exigencia Forderung
exigir fordern, verlangen
éxito Erfolg
experiencia Erfahrung; **sin experiencia** unerfahren
experto *(adj)* erfahren
explicar erklären
exportación *f* Ausfuhr
exposición *f* Ausstellung
expresamente ausdrücklich
expresión *f* Ausdruck
exterior äußerlich
extintor *m* Feuerlöscher
extranjero Ausland; Ausländer; Fremder; *(adj)* ausländisch
extrañarse s. wundern (*de* über)
extraodinario außergewöhnlich; ausgezeichnet
extraviarse s. verirren

F

fábrica Fabrik
fabricar herstellen
fácil leicht, einfach
facilitar ermöglichen
factura Rechnung
facturar *(Gepäck)* aufgeben
falso falsch; unecht
falta Fehler; Mangel; **sin falta** *(adv)* unbedingt
faltar fehlen
familia Familie
famoso berühmt
fango Schlamm
fastidiar belästigen
fatigoso anstrengend
favor *m* Bitte, Gefälligkeit; **en favor de** zugunsten; **por favor** bitte
favorable günstig
fe *f* Glaube
fecha Datum; **fecha de nacimiento** Geburtsdatum
felicidad *f* Glück
felicitación *f* Glückwunsch
felicitar gratulieren
feliz glücklich
feo häßlich
feria *(Ausstellung)* Messe
ferry-boat *m (Am)* Fähre
festivo feierlich
fianza Kaution
fiebre *f* Fieber
fijar festsetzen
fijo fest
fila Reihe
film(e) *m* Film
fin *m* Ende; Zweck
final *m* Ende; **al final** am Ende
finalmente endlich
finca Grundstück; Bauernhof
fino *(dünn)* fein
firma Unterschrift
firmar unterschreiben
firme fest
flaco mager

flash *m (Foto)* Blitz
flete *m* Fracht
flor *f* Blume
florecer blühen
folleto Prospekt
fonda Gasthaus, Gasthof
forastero fremd
forma Form; Art, Weise
formar bilden
formulario Formular
forzar zwingen
fósforo Streichholz
foto(grafía) *f* Bild
fotografiar fotografieren
frágil zerbrechlich
francés *m* Franzose; *(adj)* französisch
Francia Frankreich
franquear frankieren
franqueo Porto
frase *f* Satz
fraude *m* Betrug
frecuentemente oft
freír *(in der Pfanne)* braten
frente *f* Stirn; **frente a** gegenüber
fresco frisch; kühl
frío kalt
frontera Grenze
fruta Obst
fuego Feuer; Brand
fuente *f* Quelle; Springbrunnen; Schüssel
fuera draußen; weg; **por fuera** von außen
fuerte kräftig; stark; *(Geschmack)* scharf
fuerza Kraft; Stärke
fumar rauchen
función *f* Aufführung; Vorstellung
funcionar funktionieren
furia Wut
furioso wütend
fusible *m (el)* Sicherung
fútbol *m* Fußball
futuro Zukunft

G

gafas *f pl* Brille; **gafas de sol** Sonnenbrille
galería Galerie
Galicia Galicien
gallego Galicier; *(Sprache)* Galicisch
gallo Hahn
gana: de buena gana gern; **de mala gana** nicht gern
ganancia Gewinn; der Verdienst
ganar verdienen; gewinnen
gancho Haken
garaje *m* Garage
garantía Garantie
garganta *(Kehle)* Hals
gasolina Benzin
gasolinera Tankstelle
gastar ausgeben; verbrauchen
gastos Ausgaben; Unkosten; Spesen
general allgemein; **en general** im allgemeinen
gente *f* Leute
gerente *m* Geschäftsführer
giro Überweisung
golfo Bucht
golpe *m* Schlag; Stoß
golpear schlagen
gordo dick
gorra Mütze
gota Tropfen
gozar de genießen
gozo Genuß

gracias *f pl* Dank; **¡gracias!** danke!; **gracias a Dios** Gott sei Dank
gracioso *(erheiternd)* lustig
grande groß
granja Bauernhof
gratificación *f* Belohnung
gratificar belohnen
gratis gratis, umsonst
gratuitamente gratis
gratuito kostenlos
grave ernst; schlimm; *(Krankheit)* schwer
grifo Wasserhahn
gris grau
gritar schreien
grueso dick
grupo Gruppe

guante *m* Handschuh
guantera Handschuhfach
guapo hübsch
guarda *m* Aufseher
guardar behalten; **guardarse** s. hüten (*de* vor)
guerra Krieg
guía *m* Fremdenführer; *f (Buch)* Führer; **guía de teléfonos** Telefonverzeichnis
guiar führen
gustar gefallen; schmecken
gusto Geschmack; Gefallen; **con gusto** gern

H

haber *(Hilfsverb)* haben
hábil geschickt, tüchtig
habitación *f* Raum, Zimmer
habitante *m* Bewohner
habitar wohnen

habitual gebräuchlich, üblich
hablar sprechen; reden
hacer machen; tun; *(Kaffee, Tee)* kochen; *(Koffer)* packen; **hacer cámping** zelten; **hacer cola**

Schlange stehen; **hacer daño** schaden, weh tun; **hacer fotos** fotografieren; **hacer señas** winken; **hacer un viaje** verreisen; **hace frío** es ist kalt; **hace poco** neulich; **hace un momento** *(zeitlich)* eben; **hacerse viejo** alt werden
hacia *(Richtung)* nach; *(in Richtung auf, zeitlich)* gegen; **hacia allí/allá** dorthin; **hacia arriba** nach oben; **hacia atrás** rückwärts
hacienda Bauernhof
hamaca Liegestuhl
hambre *(el) f* Hunger
hambriento hungrig
hasta bis; sogar; **hasta ahora** bis jetzt; **hasta que** solange als
hay es gibt; **no hay de qué** *(nach Dank)* bitte
hecho Tatsache
helado Speiseeis
herida Verletzung
hermana Schwester; Ordensschwester
hermano Bruder
hermoso schön
herramientas *f pl* Werkzeug
hervir *(Wasser)* kochen
hielo Eis
hierro Eisen
hija Tochter
hijo Sohn
hilo Faden
hinchado geschwollen
hinchar aufpumpen
historia Geschichte

hoja Blatt
holgazán faul
hombre *m* Mann; Mensch
hombro Schulter
homilía Predigt
hondo tief
honor *m* Ehre
honorarios *m pl* Honorar
hora Stunde; **cada hora** stündlich; **media hora** eine halbe Stunde; **un cuarto de hora** eine Viertelstunde
hornillo eléctrico Kocher
horrible fürchterlich
hospital *m* Krankenhaus
hospitalidad *f* Gastfreundschaft
hotel *m* Hotel; Villa
hoy heute
huésped *m* Gast
huevo Ei
humano menschlich
húmedo feucht; naß
humo Rauch
humor *m* Laune; **de buen humor** guter Laune, lustig

I

idea Idee; Gedanke; Ahnung; *(Begriff)* Vorstellung; **¡ni idea!** keine Ahnung!
idioma *m* Sprache
iglesia Kirche
igual gleich; **igual que** *(Vergleich)* wie
iluminado beleuchtet
ilustración *f (Abbildung)* Bild
ilustre berühmt
imagen *f* Bild; Ebenbild
impedir hindern, verhindern
imperdible *m* Sicherheitsnadel
impermeable *m* Regenmantel
importación *f* Einfuhr

importancia *(Wichtigkeit)* Bedeutung; **sin importancia** unwichtig; wertlos
importante wichtig; bedeutend
importe *m* Betrag, Summe
imposible unmöglich; ausgeschlossen
impreciso ungenau
impresión *f* Eindruck
impreso Formular
improbable unwahrscheinlich
inadecuado ungeeignet
incapaz unfähig
incendio Brand
incidente *m* Vorfall

incierto ungewiß, unsicher; zweifelhaft
incluido einbegriffen
incluir einschließen
incómodo unbequem, ungemütlich
incompleto unvollständig
inconveniente *m* Nachteil
incorrecto falsch
increíble unglaublich
indecente unanständig
indeciso unentschlossen
indemnización *f* Schadenersatz
indemnizar *(Schaden)* ersetzen
indeterminado unbestimmt
indicación *f* Angabe; **indicaciones concretas** nähere Angaben
indicar *(hinweisen)* zeigen
indicio Anzeichen
indispensable unentbehrlich
indispuesto unwohl
indudable(mente) zweifellos
inepto ungeeignet
inesperado unerwartet
inevitable unvermeidlich
inexacto ungenau
inexperto unerfahren
infernillo de alcohol Spirituskocher
inflamable feuergefährlich
inflar aufpumpen
información *f* Auskunft; Erkundigung; **información meteorológica** Wetterbericht
informar benachrichtigen; *(berichten)* melden; unterrichten; verständigen; **informarse** s. erkundigen
informe *m* Bericht; Erkundigung
ingenioso geistreich
Inglaterra England
inglés englisch; *m* Engländer
inglesa *f* Engländerin
injusticia Ungerechtigkeit
injusto ungerecht
inmediatamente sofort
inmediato unmittelbar, direkt
inmenso gewaltig
innecesario unnötig
inocente unschuldig
inofensivo unschädlich
inoportuno unerwünscht

inquieto unruhig
inscribirse s. anmelden
inseguro unsicher
insignificante unwichtig
insistir bestehen *(en* auf)
insoportable unerträglich
instalación *f* Anlage
instante *m* Moment
instituto Institut
insuficiente ungenügend
inteligencia Verstand
inteligente klug
intención *f* Absicht
intencionadamente absichtlich
intentar versuchen; beabsichtigen
intento Versuch
interés *m* Interesse
interesante interessant
interesarse s. interessieren *(por* für)
interior *m* das Innere
interpretar mal mißverstehen
intérprete *m* Dolmetscher
interrumpir unterbrechen
interrupción *f* Unterbrechung; Störung
interruptor *m (el)* Schalter
intranquilizarse s. beunruhigen
intranquilo unruhig
inútil nutzlos; zwecklos
inválido ungültig
inventar erfinden
invierno Winter
invitación *f* Einladung
invitar einladen; auffordern

ir gehen; fahren; **ir a buscar** abholen; **ir a la cama** zu Bett gehen; **ir a pie** zu Fuß gehen; **ir a ver a alg** jdn besuchen; **ir bien** passen; zusagen; **ir de compras** einkaufen; **ir en avión** fliegen; **ir todo seguido** geradeaus gehen
irregular unregelmäßig
irse weggehen
isla Insel
Italia Italien
italiano italienisch; *m* Italiener
itinerario Reiseroute
izquierdo linke, r, s; **a la izquierda** links

J

jabón *m* Seife
jamás jemals
jardín *m* Garten
jefe *m* Chef; der Leiter
jersey *m* Pullover
joven jung
joyas *f pl* Schmuck
joyero Juwelier
juego Spiel

juez *m* Richter
jugar spielen
juguetes *m pl* Spielzeug
juicio Urteil
junto a neben
juntos zusammen; gemeinsam
justo gerecht
juventud *f* Jugend
juzgar urteilen; beurteilen

K

kilo(gramo) Kilogramm
kilómetro Kilometer

kiosco de periódicos Zeitungskiosk

L

labio Lippe
lado Seite; **al lado de** neben
ladrón *m* Dieb
lago der See
lámpara Lampe
lana Wolle
lancha Boot; Motorboot
lapicero Bleistift
lápiz *m* Bleistift
largo lang; *(Weg)* weit
lástima: ¡qué lástima! wie schade!
lata Dose
lavable waschecht
lavandería Wäscherei
lavar waschen
leche *f* Milch
leer lesen

legumbres *f pl* Hülsenfrüchte
lejano weit entfernt
lengua Zunge; Sprache
lentamente *(adv)* langsam
lentes *m pl (Am)* Brille
lento langsam
leña Brennholz
levantar heben; **levantarse** aufstehen
leve *(geringfügig)* leicht
libra Pfund
libre frei
libro Buch
lícito zulässig
ligero *(Gewicht)* leicht
límite *m* Grenze
limpiar putzen; reinigen
limpio sauber; *(Wäsche)* frisch

lindo nett; hübsch
línea Linie; Bahnstrecke; **línea telefónica** *(tele)* Leitung
linterna Taschenlampe
liquidación *f* Ausverkauf
líquido flüssig
lista Liste, Verzeichnis
listo klug; fertig
litro Liter
liviano *(Gewicht) (Am)* leicht
loco verrückt
lodo Schlamm

lograr erreichen
longitud *f* Länge
loza Tonwaren

luego nachher; danach
lugar *m* Ort, Stelle; **en lugar de** anstatt
lujo Luxus
lujoso luxuriös
luminoso leuchtend
luna Mond
luz *f* Licht

LL

llama Flamme
llamada telefónica Anruf
llamar rufen; nennen; klingeln; an die Tür klopfen; **llamar por teléfono** anrufen
llano flach
llanura Ebene
llave *f* Schlüssel
llegada Ankunft
llegar ankommen; eintreffen; **llegar a ser** werden; **llegar tarde** s. verspäten

llenar füllen
lleno voll

llevar bringen, wegbringen; mitbringen; tragen; **llevar (puesto)** *(Kleidung)* tragen; **llevarse** mitnehmen

llorar weinen
llover regnen

lluvia Regen

M

madera Holz
madre *f* Mutter
maduro reif
maestro *m* Lehrer
magnífico prächtig; herrlich
magro *(Fleisch)* mager
mal *(adv)* schlecht; *m* das Übel; **mal educado** unhöflich
maleta Koffer
malintencionado gemein
malo *(adj)* schlecht; schlimm; gemein, böse; **de mala gana** ungern
malsano ungesund

mancha Fleck(en)
mandar befehlen; schicken; senden; **mandar a buscar** abholen lassen; **mandar hacer** machen lassen; **mandar llamar** *(kommen lassen)* bestellen
manejar *(lenken) (Am)* fahren
manera Art, Weise
manifestación *f* Veranstaltung
mano *f* Hand; **hecho a mano** handgemacht
manta Bettdecke; **manta de lana** Wolldecke
mantequilla Butter

manzana Apfel
mañana *(adv)* morgen; *f* Morgen, Vormittag; **por la(s) mañana(s)** vormittags, morgens
mapa *m* Landkarte
máquina Maschine; **máquina de afeitar** Rasierapparat; **máquina de fotografías** Fotoapparat
mar *m* Meer
maravilloso großartig, wunderbar
marca Sorte
marcar *(tele)* wählen
marco Mark
marcha *(Auto)* Gang
marchante *m (Am)* Kunde
marcharse weggehen
marea alta Flut; **marea baja** Ebbe
marido Ehemann
marrón braun
martillo Hammer
más mehr; **más bien** eher; vielmehr; **más o menos** mehr oder weniger; **más que** mehr als; **a lo más** höchstens
masculino männlich
matrimonio Ehe; Ehepaar; Heirat
máximo: al máximo höchstens
me mich; mir
mechero Feuerzeug
mediador *m* Vermittler
mediano *(adj)* durchschnittlich
medianoche *f* Mitternacht; **a medianoche** um Mitternacht
mediante *(Mittel)* durch
médico Arzt
medida Maß
medio Mittel; Mitte; halb; *(adj)* durchschnittlich
mediodía *m* Mittag; **a(l) mediodía** mittags
medir messen
Mediterráneo Mittelmeer
mejor que besser als; eher, lieber
mejorar verbessern; gesund werden
menor *(jünger)* kleiner; geringer
menos weniger; **lo menos** das wenigste; **por lo menos** wenigstens; **al menos** mindestens
mensual monatlich
mentira Lüge
menú *m* Menü; Speisekarte
menudo: a menudo oft
mercadería *(Am)* Ware
mercado Markt
mercancía Ware

merecer *(wert sein)* verdienen
meridional südlich
merienda Imbiß
mérito das Verdienst
mermelada Marmelade
mes *m* Monat; **al mes** monatlich
mesa Tisch
meta Ziel; **meta de viaje** Reiseziel
metro Meter; U-Bahn
mi mein; **mí** mir; **a mí** mich; **por mí** meinetwegen; **por mi parte** meinerseits
miedo Angst, Furcht; **tener miedo de** s. fürchten vor
mientras (que) *(conj)* während
mil tausend
minuta Speisekarte
minuto Minute
mirada Blick
mirar schauen; anschauen, betrachten
misa *(rel)* Messe
mismo *m* selbst; **lo mismo** dasselbe; **lo mismo . . . que** genau so. . . wie
mitad *f* Hälfte
moda Mode
modelo Muster
moderado mäßig
moderno modern
modista *f* Schneiderin
modo Art, Weise; **de ningún modo** gar nicht
mojado naß
molestar belästigen, stören
molestia Störung; **tomarse la molestia de** s. bemühen
molesto lästig
momento Moment, Augenblick; **en este momento** *(zeitlich)* gerade
monasterio Kloster
moneda Geldstück, Münze; Währung
monedero Geldbeutel
monja Nonne
montacargas *m* Lastenaufzug
montaña Berg, Gebirge
monumento Denkmal
moreno braungebrannt
morir sterben
mosca Fliege
mosquito Mücke
mostrar zeigen, vorzeigen
motivo *(Grund)* Anlaß
motocicleta Motorrad

motor *m* Motor
motora Motorboot
mover bewegen
movimiento Bewegung
mozo Gepäckträger; *(Am)* Kellner
muchacha Mädchen
muchacho Junge
muchedumbre *f* Menschenmenge
mucho viel; *(bei Verb)* sehr;
¡**mucha suerte!** viel Glück!
mudarse sich umziehen; **mudarse de casa** umziehen
mueble *m* Möbel
muelle *m* Mole
muerte *f* Tod
muerto tot
muestra *(Probe)* Muster
mujer *f* Frau, Ehefrau
multa Geldstrafe
multicolor bunt
multitud *f* Menschenmenge
mundo Welt
muro Mauer
museo Museum
música Musik
mutuamente einander
muy sehr; **muy caliente** heiß

N

nacido geboren
nacimiento Geburt; **lugar de nacimiento** Geburtsort; **año de nacimiento** Geburtsjahr
nación *f* Nation
nacionalidad *f* Staatsangehörigkeit
nada nichts; **nada más** sonst nichts; **nada más que** nichts als; **de nada** *(nach Dank)* bitte
nadar schwimmen
nadie niemand, keiner
nafta *(Arg)* Benzin
naranjada Orangeade
natural natürlich; **natural de** gebürtig aus
naturaleza Natur
naturalmente *(adv)* natürlich; selbstverständlich
nave *f* Schiff; Kirchenschiff
Navidad *f* Weihnachten
necesario nötig
necesidad *f* Notwendigkeit; Bedürfnis
necesitar benötigen, brauchen
negar leugnen; **negarse** s. weigern
negligente nachlässig
negocio Geschäft
negro schwarz
nevar schneien
nevera Kühlschrank
ni . . . ni weder . . . noch; **ni siquiera** nicht einmal
niebla Nebel
nieta *f* Enkelin
nieto *m* Enkel
nieve *f* Schnee
ningún, ninguno kein(er); **de ningún modo** gar nicht; **de ninguna manera** keinesfalls; **en ninguna parte** nirgends
niño Kind
no nein, nicht
no obstante trotzdem; jedoch
nocivo schädlich
noche *f* Nacht; *(nach Einbruch der Dunkelheit)* Abend; **esta noche** heute Nacht
Nochebuena Weihnachtsabend
nombrar nennen
nombre *m* Name
nordeste *m* Nordosten
noroeste *m* Nordwesten
norte *m* Norden; **al norte de** nördlich von
nos uns
nosotros wir
nota Aufzeichnung
notar merken, bemerken
noticia Nachricht, Neuigkeit
novedad *f* Neuheit, Neuigkeit
nube *f* Wolke
nublado bewölkt, trüb
nudo Knoten
nuestro unser
nuevo neu; **de nuevo** wieder
numerar numerieren

número Nummer; Anzahl, Zahl; **gran número de** eine Menge
numeroso zahlreich
nunca nie
nutrición f Nahrung
nutritivo nahrhaft

O

o oder; **o ... o** entweder ... oder
objeto Gegenstand; **objetos de alfarería** Tonwaren
obligación f Pflicht; Verpflichtung; Zwang
obligar zwingen
obra Werk
obrar handeln
observar bemerken; beobachten; halten; merken
obtener *(durch Bemühung)* erhalten; erlangen
obtenible erhältlich
ocasión f Anlaß; Gelegenheit; **en ocasiones** *(adv)* gelegentlich
occidental westlich
océano Ozean
ocupado beschäftigt; *(Platz)* besetzt
ocupar un sitio einen Platz belegen
ocurrir geschehen; s. ereignen
oeste m Westen
ofender beleidigen
ofensa Beleidigung
oferta Angebot
oficial amtlich, offiziell
oficina Amt; Büro; **oficina de aduanas** Zollamt; **oficina de información** Auskunftsstelle; **oficina de objetos perdidos** Fundbüro
ofrecer anbieten
oído Ohr
oír hören; erfahren

ojo Auge
oler riechen; **oler mal** stinken
olor m Geruch
olvidar vergessen; liegen lassen
olla Kochtopf
ópera Oper
opinar meinen
opinión f Meinung; **según/en mi opinión** nach meiner Meinung
oportunamente *(adv)* rechtzeitig
oportunidad f günstige Gelegenheit
oportuno zweckmäßig
opuesto entgegengesetzt
oración f Gebet
orden m Ordnung
orden f *(rel)* Orden
ordenado ordentlich
ordinario gemein, gewöhnlich; ordinär
oreja Ohr
orilla Rand; Ufer
oro Gold
orquesta Orchester; Musikkapelle

os euch
oscuro dunkel, finster
otoño Herbst
otro ein anderer; **el otro día** neulich; **al otro lado de** jenseits; drüben; **de otra manera/forma** anders; **en otra parte** anderswo; **por otra parte** übrigens; **otra vez** wieder

P

paciencia Geduld
paciente geduldig
padre *m* Vater
padres *m pl* Eltern
pagadero zahlbar
pagar zahlen, bezahlen; **pagar al contado** bar zahlen
página Seite
pago Zahlung
país *m* Land
paisaje *m* Landschaft
pájaro Vogel
palabra Wort
palacio Schloß
palco *(Theater)* Loge
pálido bleich
palillo de dientes Zahnstocher
palmera Palme
pan *m* Brot
panecillo Brötchen
pantalón *m* Hose
paño Tuch
pañuelo Taschentuch; **pañuelo de cabeza** Kopftuch
papa *(Am)* Kartoffel
papel *m* Papier; **papel de escribir** Briefpapier; **papel higiénico** Toilettenpapier
paquete *m* Paket
paquetito Päckchen

par *m* Paar; **un par** ein paar; **un par de guantes** ein Paar Handschuhe
para für; **para acá** hierher; **para qué** wofür, wozu
parada Haltestelle; *(Zug)* Aufenthalt
paraguas *m* Regenschirm
parar anhalten
pararse stehenbleiben
parecer scheinen; aussehen; **parecerse a** gleichen
parecido ähnlich
pared *f* Wand, Mauer
pareja Paar; Ehepaar
pariente Verwandter

parque *m* Park; **parque infantil** Spielplatz
párroco Pfarrer
parte *f* Teil
particular eigen
partida Abreise; Start
partir teilen; abfahren; **a partir de** *(Zeitpunkt)* seit
pasado Vergangenheit; **pasado de moda** unmodern; **pasado mañana** übermorgen
pasaje *m* Durchgang; Übergang
pasajero Fahrgast
pasaporte *m* Paß
pasar s. ereignen, geschehen, passieren; überreichen; vorbeigehen; vorübergehen; überholen; *(Zeit)* vergehen; *(Zeit)* verbringen; **pasar frío** frieren; **¡pase!** herein!
Pascua Ostern
pasear spazierengehen
paseo Spaziergang
pasillo Flur
paso Schritt; Durchfahrt; Durchgang; *(Gebirge)* Paß; **paso subterráneo** Unterführung; **de paso** auf der Durchreise
pasta de dientes Zahnpaste
pastor *m* Pfarrer
patio Hof
patria Heimat
patrón *m* Wirt
paz *f* Friede; Ruhe
peatón *m* Fußgänger
pedido Bestellung
pedir bestellen; fordern, verlangen; **pedir algo a alg** jdn um etw bitten; **pedir consejo a alg** jdn um Rat fragen; **pedir informaciones** Auskunft einholen; **pedir perdón** sich entschuldigen
pegar schlagen
pelearse s. zanken
película Film
peligro Gefahr
peligroso gefährlich

pelo Haar(e)
pelota Ball
pena: es una pena es ist schade
pendiente *f* Abhang
pendientes *m pl* Ohrringe
pensamiento Gedanke
pensar denken *(en* an)
Pentecostés Pfingsten
penúltimo vorletzter
peor schlimmer; **el, la, lo peor** der, die, das schlimmste
pequeño klein
pera Birne
percha Kleiderbügel
perder verlieren; verpassen; versäumen
pérdida Verlust
perdón *m* Entschuldigung, Verzeihung
perdonar verzeihen
perezoso faul
perfecto vollkommen
perfume *m* Parfüm
periferia Peripherie
periódico Zeitung
periodista *m* Journalist
permiso Erlaubnis; Urlaub
permitir erlauben, genehmigen
pernoctar übernachten
pero aber
perro Hund
persona Person; Mensch
personal persönlich; *m* Personal
persuadir überreden
pertenecer a gehören
pesadilla Alptraum
pesado schwer; lästig
pésame *m* Beileid
pesar wiegen; **a pesar de eso** trotzdem; **a pesar de** trotz
pescadero Fischhändler
pescado *m* Fisch
pescador *m* Fischer
pescar fischen
peso Gewicht; Waage
pez *m* Fisch
picante *(Geschmack)* scharf
picar stechen
pie *m* Fuß; **a pie** zu Fuß
piedra Stein
piel *f* Haut; Leder; Pelz
pieza Stück; *(Am)* Zimmer
pileta *(Arg)* Schwimmbad
pinchar stechen
pinchazo *(Reifen)* Loch
pintar malen

pintor *m* Maler
pintoresco malerisch
pintura Malerei; Gemälde
pipa Pfeife
Pirineos *m pl* Pyrenäen
piscina Schwimmbad
piso Fußboden; Stockwerk; Wohnung; **piso bajo** Erdgeschoß
pista Spur; **pista de tenis** Tennisplatz
placer *m* Gefallen; Genuß; Vergnügen
plan *m* Plan
plancha Bügeleisen
planchar bügeln
plano Plan; **plano de la ciudad** Stadtplan
planta Pflanze
plata Silber
plato Teller; Speise; Gericht
playa Strand
plaza Platz
plazo Termin; Frist
pluma Feder
población *f* Ortschaft
pobre arm
poco wenig; **un poco** ein wenig; **un poco de ...** ein wenig von ...; **poco común** ungewöhnlich; **poco práctico** unpraktisch
poder können; dürfen; *m* Vollmacht
podrido *(Obst)* faul; verdorben
policía *f* Polizei; *m* Polizist
polvo Staub
polvos *m pl* Puder
poner legen, stellen, setzen; **poner en comunicación** *(tele)* verbinden; **poner gasolina** tanken; **poner las señas** adressieren; **ponerse de acuerdo** s. verständigen; **ponerse enfermo** krank werden; **ponerse furioso** wütend werden
por *(Grund)* aus; *(Mittel)* durch; für; *(Passiv)* von; wegen; **por ejemplo** zum Beispiel; **por escrito** schriftlich; **por eso** *(Grund)* daher; **por esta razón** aus diesem Grund; **por fin** endlich; **por qué** warum
porcelana Porzellan
porque weil
portal *m* Portal
portero Portier, Pförtner; Torwart
porvenir *m* Zukunft

posada Gasthaus
poseer besitzen
posesión *f* Besitz
posibilidad *f* Möglichkeit
posible möglich; **hacer posible** ermöglichen
posición *f* Stellung
potable trinkbar
pozo Brunnen
práctico praktisch
pradera Wiese
prado Wiese
precaución *f* Vorsicht
precio *(Geld)* Preis
precisión *f* Genauigkeit
preciso genau
preferencia Vorzug
preferir vorziehen
pregunta Frage
preguntar fragen; verlangen *(por alg* nach jdm)
premio Gewinn
prenda Pfand
prendedor *m (Am)* Sicherheitsnadel
preocupación *f* Sorge
preocupado besorgt
preocuparse s. sorgen *(por* um)
preparado bereit
preparar vorbereiten; zubereiten; *(Kaffee, Tee)* kochen
prescripción *f* Vorschrift
presentación *f* Vorstellung
presentar vorstellen, bekannt machen
presente anwesend
prestar leihen
pretexto Vorwand
prevenir warnen *(contra* vor)
prima Cousine
primavera Frühling
primero erster; *(adv)* zuerst; **en primer lugar** zuerst; zunächst; **de primera clase/categoría** erstklassig; **primeros auxilios** Erste Hilfe
primo Cousin
princesa Prinzessin
principal *(adj)* hauptsächlich
principalmente *(adv)* hauptsächlich
príncipe Prinz
principio Anfang
prisa Eile; **darse prisa** s. beeilen; **de prisa** eilig; **tener prisa** es eilig haben

privado privat
probabilidad *f* Wahrscheinlichkeit
probable *(adj)* wahrscheinlich
probablemente *adv* wahrscheinlich
probar beweisen; probieren; versuchen
problema *m* Problem; Frage
procurar besorgen, beschaffen; verschaffen
producir erzeugen
producto Erzeugnis, Produkt
profesión *f* Beruf
profesora *f* Lehrerin
profesor *m* Lehrer; Professor
profundo tief
programa *m* Programm
progreso Fortschritt
prohibición *f* Verbot
prohibir verbieten; ¡Se prohíbe el paso!, ¡Prohibida la entrada! Eintritt verboten! ¡prohibido! verboten!
prolongar *(zeitlich)* verlängern
promesa Versprechen
prometer versprechen; **prometerse** s. verloben *(con* mit)
prometida die Verlobte
prometido der Verlobte
pronto bald; demnächst; **lo más pronto posible** so bald wie möglich
pronunciación *f* Aussprache
pronunciar aussprechen
propaganda Reklame; Propaganda
propiedad *f* Besitz
propietario Besitzer
propina Trinkgeld
propio eigen
proponer vorschlagen
proporcionar besorgen
proposición *f* Vorschlag
propósito Vorsatz; Zweck; **a propósito** absichtlich; übrigens
propuesta Vorschlag
prórroga Aufschub
prospecto Prospekt
protección *f* Schutz
proteger beschützen
protestar protestieren
provecho Nutzen; Wohl
proveer versorgen *(de* mit)
provisión *f* Vorrat
provisionalmente *(adv)* vorläufig

proximidad f Nähe
próximo nächster
prudente vorsichtig
prueba Beweis; Probe; Versuch
público öffentlich; m Publikum
puchero Kochtopf
pueblo Ortschaft; Dorf; Volk
puente m Brücke
puerta Tür; Tor
puerto Hafen; Gebirgspaß

pues denn
puesta: a la puesta del sol bei Sonnenuntergang

pulsera Armband
punta Spitze
punto Punkt; **punto culminante** Höhepunkt
puntual(mente) pünktlich
puntualidad f Pünktlichkeit

Q

que daß; *(bei Vergleich)* als
qué was; ¿ **qué?** was für ein/eine...?
quedarse bleiben; **quedarse parado** stehenbleiben
queja Beschwerde
quejarse s. beschweren (*de* über)
quemadura Verbrennung
quemar verbrennen
querer lieben; mögen; wollen

querido lieber; Liebling; ¡ **querido Jorge!** lieber Georg!
queso Käse
quién wer
quieto still
quince fünfzehn; **quince días** vierzehn Tage
quitamanchas m Fleck(en)mittel
quitar wegnehmen
quizá vielleicht

R

rabia Wut
rabioso wütend
radio f Radioapparat; Rundfunk
ramo Blumenstrauß
rápidamente *(adv)* schnell
rapidez f Schnelligkeit
rápido schnell
rara vez *(adv)* selten
raramente *(adv)* selten
raro selten; *(seltsam)* eigen
rascacielos m Wolkenkratzer
ratero Taschendieb
rayo Strahl
razón f Grund; Vernunft; **tener razón** recht haben
razonable vernünftig
real wirklich
realidad f Wirklichkeit

realizar *(Arbeit)* ausführen; verwirklichen
rebaja Ermäßigung, Rabatt
rebajar *(Preise)* herabsetzen
rebanada *(Brot)* Scheibe
recepción f Aufnahme, Empfang
receptor de radio m Radioapparat
recetar verschreiben
rechazar ablehnen, zurückweisen
recibir bekommen; empfangen; erhalten
recibo Quittung
recién *(Am)* kürzlich; *(zeitlich)* gerade
reciente frisch
recientemente kürzlich
recipiente m Gefäß, Behälter
reclamación f Beschwerde

reclamar reklamieren
recobrar wiederbekommen
recoger aufsammeln
recomendación f Empfehlung
recomendar empfehlen
recompensa Belohnung
recompensar belohnen
reconocer erkennen
recordar s. erinnern; **recordar algo a alg** jdn an etw erinnern
rectificar richtigstellen
recuerdo Erinnerung; Andenken
recuperar wiederbekommen

red f Netz
redondo rund
reducir *(Preise)* herabsetzen
referirse s. beziehen (*a* auf)
refresco Erfrischung
regalar schenken
regalo Geschenk
regañar schimpfen; s. zanken
regatear feilschen
región f Gegend
regresar zurückkehren
regreso m Heimreise
regular *(adj)* regelmäßig; *(adv)* mittelmäßig; *(Verb)* regeln
rehusar ablehnen
reina f Königin
reír lachen
reja Gitter
relación f Verbindung
relámpago Blitz
reloj m Uhr; **reloj de bolsillo** Taschenuhr; **reloj de pared** Wanduhr; **reloj de pulsera** Armbanduhr
rellenar un impreso ein Formular ausfüllen
remar rudern
remedio Heilmittel
remitir übersenden
remolcar abschleppen
renovar erneuern
reparación f Reparatur
reparar reparieren
repasar wiederholen; flicken
repente: de repente plötzlich
repetir wiederholen
repleto überfüllt
replicar erwidern
reponerse s. erholen
representación f Aufführung; *(Theater)* Vorstellung
representante m Vertreter

reserva: reserva de asiento Platzkarte; **con reserva** mit Vorbehalt
reservar *(Hotel, Platz)* bestellen; *(Platz)* buchen; reservieren; vorbestellen
resfriado Erkältung
resfrío *(Am)* Erkältung
residencia Wohnort, Wohnsitz
resistente fest
resolución f Entschluß
resolver beschließen
respectivo betreffend
responder antworten
responsable verantwortlich
respuesta Antwort
restante übrig
restaurante m Restaurant
resto Rest
resultado Ergebnis
retardar *(zeitlich)* verschieben; verzögern
retener einbehalten
retirarse s. zurückziehen
retrasarse s. verspäten
retraso Verspätung
retrete m Toilette
revelado *(Foto)* Entwicklung
revelar *(Foto)* entwickeln
revés: al revés *(adv)* umgekehrt
revisar nachprüfen
revisor m Kontrolleur; Schaffner
revista Zeitschrift Revue;
rey m König
rezar beten
rico reich
riesgo Risiko
riguroso streng
rincón m Ecke
río Fluß
riqueza Reichtum
robar stehlen
robo Diebstahl
rodeo Umweg
rojo rot
romper brechen, zerbrechen; zerreißen; **romperse** kaputtgehen
ropa Kleidung; Wäsche; **ropa de cama** Bettwäsche; **ropa interior** Unterwäsche
roto kaputt
rubio blond
rueda Rad
ruego Bitte
ruido Geräusch; Lärm

S

saber wissen; *(gelernt haben)* können; erfahren; *m* Wissen; schmecken (*a* nach)
sabor *m* Geschmack
sabroso schmackhaft
sacacorchos *m* Korkenzieher
sacerdote *m* Priester
saco Sack
sagrado heilig
sala Saal; **sala de baile** Tanzlokal; **sala de espera** Wartesaal; **sala de fiestas** Nachtlokal
saldo Ausverkauf
salida Abfahrt; Abreise; Ausgang; Ausfahrt
salir abfahren; abreisen; ausgehen; hinausgehen
saltar springen
salud *f* Gesundheit
saludar grüßen; begrüßen
salvaje wild
salvar retten
sano gesund
santo heilig
sastre *m* Schneider
satisfecho zufrieden; befriedigt; froh
se man; sich
secar trocknen
seco trocken; *(Wein)* herb
secreto geheim; *m* Geheimnis
sed *f* Durst; **tener sed** durstig sein
seda Seide
seguida: en seguida sofort
seguir folgen; befolgen; **seguir adelante** vorwärtsgehen
segundo zweiter; *m* Sekunde; **en segundo lugar** zweitens; an zweiter Stelle
seguridad *f* Sicherheit
seguro *(adj)* sicher; gewiß; zuverlässig; *(adv)* bestimmt; *m* Versicherung
selección *f* Auswahl
sello Briefmarke; Stempel
semana Woche; **cada semana** wöchentlich
semanal *(adj)* wöchentlich
semanalmente *(adv)* wöchentlich
semejante ähnlich
sencillo einfach
senda Pfad
sendero Pfad
sensato vernünftig
sentar: sentar bien passen; **sentarse** s. setzen
sentido Sinn
sentimiento Gefühl; Bedauern
sentir fühlen; bedauern; **me siento mal** mir ist übel
señal *f* Zeichen; Signal
señalar zeigen; hinweisen
señas *f pl* Adresse
señor *m* Herr
señora Frau
señorita Fräulein
separar trennen
septentrional nördlich
ser sein; *(Passiv)* werden; **ser de** gehören
serio ernst
sermón *m* Predigt
serpiente *f* Schlange
servicio Dienst; Bedienung; Toilette
servir dienen; bedienen
severo streng
si ob; wenn; **si no** sonst
sí ja; doch
siempre immer; jedesmal; **como siempre** wie gewöhnlich
sierra Gebirge
siglo Jahrhundert
significado Bedeutung
significar bedeuten
signo Zeichen
silencio Schweigen; Ruhe
silencioso schweigend
silvestre wild
silla Stuhl
sin ohne; **sin compromiso** unverbindlich; **sin embargo** jedoch; trotzdem; **sin importancia** unwichtig
sino sondern
sinvergüenza unverschämt

sitio Platz
situación *f* Lage
sobrante übrig
sobrar übrigbleiben
sobras Reste
sobre *(prp)* auf; **sobre todo** vor allem
sobre *m* Briefumschlag
sobrina Nichte
sobrino Neffe
sobrio mäßig
sociedad *f* Verein
soga Seil
sol *m* Sonne
solamente nur
solo *(adj)* allein
sólo *(adv)* nur; *(nicht früher als)* erst
soltar lösen
soltero ledig, Junggeselle
sombra Schatten
sombrero Hut
sombrilla Sonnenschirm
somnífero Schlafmittel
sonar läuten
sonido Ton; Klang
soñar träumen
soportar ertragen
sorprendido überrascht
sospecha Verdacht
su *(pron)* sein; ihr; Ihr

suave mild; *(Ton, Farbe)* weich
subir hinaufsteigen; einsteigen; *(Preise)* heraufsetzen; **subir a bordo** an Bord gehen
suceder s. ereignen; geschehen, passieren
suceso Ereignis; Vorfall
suciedad *f* Schmutz
sucio schmutzig
sucursal *f* Filiale
sudar schwitzen
suelo Boden
sueño Schlaf; Traum
suficiente genug
sufrir leiden; **sufrir un accidente** verunglücken
Suiza Schweiz
suiza *f* Schweizerin
suizo *m* Schweizer
sujetar festhalten
suma Betrag, Summe
sumar zusammenrechnen
superfluo überflüssig
suplemento *(zum Fahrpreis)* Zuschlag
suponer vermuten; annehmen
suposición *f* Vermutung; Annahme
sur *m* Süden; **al sur de** südlich von
surtido Auswahl von Waren
sustituir ersetzen

T

tabaco Tabak
taberna Kneipe
tal solch; **tal vez** vielleicht
talón *m* Gepäckschein
talla Kleidergröße
taller *m* Werkstatt; **taller de reparaciones** Reparaturwerkstatt
tamaño Größe
también auch
tampoco auch nicht
tanto so sehr, soviel; **tanto por ciento** Prozentsatz
tapar zudecken
taquilla Theaterkasse
tardar zögern; lange dauern
tarde *(adv)* spät

tarde *f* Abend; Nachmittag; **por la tarde** nachmittags; abends
tarjeta Karte; **tarjeta postal** Postkarte, Ansichtskarte
taxi *m* Taxi
taza Tasse
te dich, dir
té *m* Tee
techo Decke; Dach
tejado Dach
tejido Gewebe
tela Stoff, Tuch
telefonear telefonieren
teléfono Telefon
telegrafiar telegraphieren
telegrama *m* Telegramm

televisión f Fernsehen
televisor m Fernseher
tema Thema
temer fürchten, befürchten
temor Furcht
tempestad f Sturm, Unwetter
temporada Saison; **temporada principal** Hochsaison
temprano früh
tenazas f pl Zange
tendido *(el)* Leitung
tenedor m Gabel
tener haben, besitzen; **tener frío** frieren; **tener lugar** stattfinden; **tener que** müssen; **no tener razón** Unrecht haben
tercero m dritter
tercio: un tercio ein Drittel
terciopelo Samt
terminar beenden; vollenden; aufhören; erledigen
término Schluß; **por término medio** *(adv)* durchschnittlich
terreno Gelände
terrible fürchterlich
testigo Zeuge
testimonio Zeugnis
ti: a ti dich, dir
tía Tante
tiempo Zeit; Wetter; **a tiempo** *(adv)* rechtzeitig; **al mismo tiempo** gleichzeitig; **algún tiempo** eine Zeitlang
tienda Geschäft, Laden; **tienda de campaña** Zelt
tierno zart
tierra Erde; Land
tijeras f pl Schere
timbre m Klingel
tintorería *(Geschäft)* Reinigung
tío Onkel
tirar ziehen; werfen
tiro Schuß
toalla Handtuch
tocadiscos m Plattenspieler
tocar berühren; **tocar el timbre** klingeln, läuten
todavía noch
todo alles; ganz; **todos** alle, jeder; **todo el mundo** jedermann; **todos los días** jeden Tag; **de todas formas** auf alle Fälle; **por/en todas partes** überall; **del todo** *(adv)* ganz
tomar nehmen; trinken; *(Verkehrsmittel)* benutzen; **tomar nota de** notieren; **tomar nota de algo** s. etw merken; **tomar parte** teilnehmen (**en** an); **tomar prestado** geliehen bekommen
tomo der Band
tono Ton
tonto dumm
torcer biegen, einbiegen; **torcer a la derecha/izquierda** nach rechts/links einbiegen
tormenta Gewitter
tornillo Schraube
torno: en torno a um (herum)
torre f Turm
tostado braungebrannt
total *(adj)* voll, ganz; m das Ganze
trabajador *(adj)* fleißig; m Arbeiter
trabajar arbeiten
trabajo Arbeit
traducir übersetzen
traer herbringen; mitbringen
tráfico Verkehr
trago Schluck
traje m Anzug
tranquilidad f Ruhe
tranquilizarse s. beruhigen
tranquilo ruhig; still
transbordador m Fähre
transferencia Überweisung
transportar transportieren; befördern
tranvía m Straßenbahn
trapo Tuch, Lappen
trasladar forttragen
tratamiento Behandlung
tratar behandeln
través: a través de quer durch
travesía Überfahrt
trayecto Strecke
trecho Strecke
tren m Zug
tribunal m *(Justiz)* Gericht
tripulación f *(Schiff, Flugzeug)* Mannschaft
triste traurig
trozo Stück; **un trozo de pan** ein Stück Brot
tu dein
tú du
tubería *(Gas, Wasser)* Leitung
tubo Rohr; Schlauch
tumbona Liegestuhl
túnel m Tunnel
turbio *(Flüssigkeit)* trüb
turista m/f Tourist, Touristin

U

último letzter; **en último lugar** zuletzt
ultramar *m* Übersee
único einzig
unir verbinden
un, uno ein; man; **unos** einige, ein paar; **uno y medio** anderthalb; **uno(s) a otro(s)** einander
urgente dringend

usar anwenden; benutzen, gebrauchen; verwenden
uso Gebrauch; Verwendung
usted Sie *(sing);* **ustedes** Sie *(pl)*
usual gebräuchlich; gewöhnlich, üblich

útil nützlich; zweckmäßig
uvas *f pl* Trauben

V

vacaciones *f pl* Ferien; Urlaub; **de vacaciones** in Ferien
vacío leer
vagón *m (Zug)* Wagen
vagón-restaurante *m (Am)* Speisewagen
vale *m* Gutschein
valer kosten; **valer mucho** viel wert sein
validez *f* Gültigkeit
válido gültig; **ser válido** gelten
valor *m* Wert; **sin valor** wertlos
valle *m* Tal
vapor *m* Dampfer
variado abwechslungsreich
variar ändern
vasco Baske; baskische Sprache
Vascongadas *f pl* Baskenland
vasija Gefäß
vaso Trinkglas
vecino Nachbar
vela Kerze
velocidad *f* Geschwindigkeit
venado Wild *(Fleisch)*
vendedor *m* Verkäufer
vendedora Verkäuferin
vender verkaufen
veneno Gift
venenoso giftig

venir kommen; **venir bien** zusagen, passen
venta Verkauf; **venta anticipada** Vorverkauf; **en venta** erhältlich
ventaja Vorteil; Vorzug
ventajoso vorteilhaft
ventana Fenster
ventanilla Schalter
ventilar lüften
ver sehen
verano Sommer
veras: de veras *(adv)* wirklich
verdad *f* Wahrheit; **de verdad** *(adv)* wirklich; **¿(no es) verdad?** nicht wahr?
verdadero wirklich; wahr; echt
verde grün
verdura Gemüse
vestido Kleid
vestigio Spur
vestir anziehen
vestirse s. anziehen
vez *f (pl* veces) Mal; **a veces, algunas veces** manchmal; **cada vez** jedesmal; **dos veces** zweimal; **de vez en cuando** von Zeit zu Zeit; **en vez de** anstatt; **una vez** einmal
vía Gleis

viajar reisen
viaje *m* Reise; Fahrt; **viaje de vuelta** *m* Rückfahrt; **en el/de viaje** unterwegs
viajero Fahrgast; Reisender
vida Leben
vidriera *(Am)* Schaufenster
vidrio *(Scheibe)* Glas
viejo alt
viento Wind
vigencia *(Am)* Gültigkeit
vigilante *m* Aufseher; Wächter
visa *(Am)* Visum
visado Visum; **visado de tránsito** Durchreisevisum
visible sichtbar
visita Besuch
visitar besuchen
vista Ansicht, Aussicht; Blick; Sicht

visto: por lo visto anscheinend
vivaz lebhaft
vivienda Wohnung; **vivienda amueblada** möblierte Wohnung
vivir leben; wohnen
vivo lebend; lebhaft

volar fliegen
voltear *(Am)* zurückkehren
volver zurückgehen, zurückkehren; wiederkommen; drehen, wenden; **volver a ver** wiedersehen; **volver(se)** umkehren
vosotras *(pers prn)* ihr
vosotros *(pers prn)* ihr
voz *f* Stimme; **en voz baja** leise
vuelta Rückkehr; **vuelta en coche** Rundfahrt
vuestro euer
vulgar gemein; ordinär

Y

y und
ya schon; **ya que** *(Grund)* da

yerno Schwiegersohn
yo ich

Z

zapatería Schuhladen
zapatilla Pantoffel
zapatero Schuhmacher

zapato Schuh
zarpar in See stechen
zona Gegend

Allgemeine Abkürzungen

a.C.	antes de Cristo	vor Christus
afmo.	afectísimo	hochachtungsvoll
Av.	Avenida	Allee
C.	Centígrado	Celsius
c.	calle	Straße
CEE	Comunidad Económica Europea	EG
Cía.	Compañía	Gesellschaft
CV	Caballo Vapor	PS, Pferdestärke
D.	Don	Herr
D^a	Doña	Frau
d.c.	después de Cristo	nach Christus
dcha.	derecha	rechts
D.m.	Dios mediante	wenn Gott will
EE. UU.	Estados Unidos	Vereinigte Staaten
etc.	etcétera	usw.
Excmo.	Excelentísimo	Exzellenz
gral.	general	allgemein
id.	idem	desgleichen
Ilmo.	Ilustrísimo	Exzellenz
incl.	inclusive	einschließlich
izda.	izquierda	links
km/h	kilómetros por hora	Stundenkilometer
Lle.	llegada	Ankunft
MCE	Mercado Común Europeo	EG
N.B.	nota bene	Notabene; Beachte
ONU	Organización de las Naciones Unidas	UNO
OTAN	Organización del Tratado del Atlántico Norte	NATO
p., pág.	página	Seite
P.D.	posdata	P.S.
p.ej.	por ejemplo	z. B.
Pl.	Plaza	Platz
pral.	principal	erstes Stockwerk
Pta.	peseta	Peseta

q.e.p.d.	que en paz descanse	Ruhe in Frieden
R.A.C.E.	Real Automóvil Club de España	Königlicher Automobilclub Spaniens
RENFE	Red Nacional de los Ferrocarriles Españoles	Staatsbahnen
R.I.P.	requiescat in pace	Ruhe in Frieden
Rvdo.	Reverendo	Hochwürden
S.A.	Sociedad Anónima	Aktiengesellschaft
Sal.	salida	Abfahrt, Abflug
S. Juan	San Juan	der Heilige Johannes
S.L.	Sociedad (de responsabilidad) limitada	GmbH
sr., Sr.	señor	Herr
sra., Sra.	señora	Frau
Sras.	señoras	meine Damen
Sres.	señores	meine Herren
srta., Srta.	señorita	Fräulein
TVE	Televisión Española	Span. Fernsehgesellschaft
Vº Bº	visto bueno	gesehen und gebilligt
Vd., Ud.	usted	Sie
Vda.	viuda	Witwe
Vds., Uds.	ustedes	Sie (Mehrzahl)

Bildnachweis: ALETE Wissenschaftlicher Dienst, München 164; Jesús Alonso, Madrid 55, 61, 115; Bavaria-Verlag, München 115, 134, 138; Dieter Grathwohl, Stuttgart 102, 126; Iberia, Stuttgart 70, 71; Iriscolor, Barcelona 92; Laenderpress, Düsseldorf 117, 119; Göran Lindgren, Stockholm 42; MAS, Barcelona 92; Mauritius, Mittenwald 115, 117; Reisebüro Meliá, Frankfurt 73, 76; Diana Notti de Müller, Stuttgart 83; RENFE, Madrid 66; W. Rudolf, München 72, 102; Instituto Nacional de la Seguridad Social, Madrid 159; Informationsbüro Sherry, Hamburg 97, 98; Spanisches Fremdenverkehrsamt, Frankfurt 87; Secretaría de Estado de Turismo, Madrid 145, 152, 153.
Vorderer Vorsatz: G. Wustmann, Kirchberg i. W.
Hinterer Vorsatz: Mairs Geographischer Verlag, Ostfildern

Kurzgrammatik

Das spanische Alphabet

A	a	[a]	J	j	['xɔta]	R	r	['ɛrre]
B	b	[be]	K	k	[ka]	S	s	['ese]
C	c	[θe]	L	l	['ele]	T	t	[te]
CH	ch	[tʃe]	LL	ll	['eʎe]	U	u	[u]
D	d	[de]	M	m	['eme]	V	v	['ube]
E	e	[e]	N	n	['ene]	W	w	['ube'dɔble]
F	f	['efe]	Ñ	ñ	['eɲe]	X	x	['ekis]
G	g	[xe]	O	o	[o]	Y	y	[i'grjega]
H	h	['atʃe]	P	p	[pe]	Z	z	['θeta]
I	i	[i]	Q	q	[ku]			

Bestimmter und unbestimmter Artikel
(Geschlechtswort)

		bestimmter Artikel	unbestimmter Artikel
Singular (Einzahl)	männlich	**el** amigo der Freund	**un** amigo ein Freund
	weiblich	**la** rosa die Rose	**una** rosa eine Rose
Plural (Mehrzahl)	männlich	**los** amigos die Freunde	**unos** amigos Freunde
	weiblich	**las** rosas die Rosen	**unas** rosas Rosen

Neutrum *lo* wird oft vor Adjektiven, Partizipien und Pronomen, manchmal vor Adverbien gebraucht:
lo bueno (das Gute); **lo** acordado (das Vereinbarte); **lo** mío (das meine); **lo** bien y **lo** deprisa que trabaja (wie gut und schnell er arbeitet)

Mit bestimmtem Artikel stehen:

● Uhrzeit   ● Wochentage   ● Zeitangaben

a **las** 7 um 7 Uhr Son **las** 10. Es ist 10 Uhr.	**El miércoles** viene Juan. Am Mittwoch kommt Juan. **Los lunes** no trabajo. Montags arbeite ich nicht.	**el** año pasado letztes Jahr **la** semana que viene nächste Woche

- Im allgemeinen Sinn gebrauchte Stoff- und Gattungsnamen

| ¿Le gusta **el vino tinto**? | Mögen Sie Rotwein? |
| **Los perros** son fieles. | Hunde sind treu. |

- Spiel • Sport • Sportmannschaften

tocar **la guitarra**	jugar **al tenis**	**el Barcelona, el Real Madrid**
Gitarre spielen	Tennis spielen	Barcelona, Real Madrid

- Titel bei Nachnamen   außer bei der Anrede

| **el señor** García | Herr García | Buenos días, profesor. |
| **el profesor** Ruiz | Professor Ruiz | Guten Morgen, Herr Professor. |

- Einige Städtenamen • Bisweilen einige Ländernamen

La Habana, La Paz	**(el)** Uruguay, **(el)** Brasil, **(el)** Japón,
El Cairo	**(el)** Canadá, **(la)** Argentina, **(la)** India

Ohne Artikel stehen

- Titel bei Vornamen • Anrede

| **don** José | ¿Qué tal, **señorita**? | Wie geht's, Fräulein? |
| **doña** Isabel | ¿Un café, **doctor**? | Ein Kaffee, Herr Doktor? |

- Monatsnamen: en **febrero** im Februar; **diciembre** der Dezember

- Verkehrsmittel mit der Präposition *en*:
ir en **tren** / en **taxi** mit dem Zug/Taxi fahren

Der unbestimmte Artikel steht nicht
vor *otro* und *medio,* meistens auch nicht vor *parte*:

otro libro	ein anderes Buch
dentro de **media** hora	in einer halben Stunde
parte de los alumnos	ein Teil der Schüler

Substantive im Singular und Plural
(Hauptwörter in der Einzahl und Mehrzahl)

Im Spanischen sind Substantive entweder männlich oder weiblich:
- männliche Substantive auf *-o,* weibliche auf *-a.* Plural: + *-s;*
- männliche und weibliche Substantive auf *-e.* Plural: + *-s.*
- Plural der Substantive, die auf *Konsonant* oder auf *-í, -ú* enden: *es*;
  (meistens männlich sind Substantive auf *-ón, -l, -r*);
  (meistens weiblich sind Substantive auf *-ión, -ad, -z*):

Singular		Plural	
el libr**o**	das Buch	los libr**os**	die Bücher
la mes**a**	der Tisch	las mes**as**	die Tische
el coch**e**	der Wagen	los coch**es**	die Wagen
la lent**e**	die Glaslinse	las lent**es**	die Glaslinsen
el árbo**l**	der Baum	los árbol**es**	die Bäume
la verd**ad**	die Wahrheit	las verdad**es**	die Wahrheiten
el rub**í**	der Rubin	los rub**íes**	die Rubine
el past**or**	der Hirte	los pastor**es**	die Hirten
la nac**ión**	das Land	las nacion**es**	die Länder

- Substantive, die auf *-s* nach unbetontem Vokal enden, bleiben im Plural unverändert:
  el mart**es** Dienstag, los mart**es**; el cumpleañ**os** Geburtstag, los cumpleañ**os**; el paragu**as** Regenschirm, los paragu**as.**

Ausnahmen
- Es gibt einige männliche Substantive auf *-a*, z. B.:
el poeta	der Dichter	el telegrama	das Telegramm
el día	der Tag	el programa	das Programm
el mapa	die Landkarte	el tema	das Thema
el clima	das Klima	el poema	das Gedicht

- Es gibt einige weibliche Substantive auf *-o*, z. B.:
la mano	die Hand	la radio	der Radioapparat/ Rundfunk
la foto	das Lichtbild	la moto	das Motorrad

- Substantive auf *-ista* können männlich und weiblich sein:
  el turista, la turista Tourist/in los turistas, las turistas
  el artista, la artista Künstler/in los artistas, las artistas

!

Besonderheiten

- Manche Substantive können im Plural eine zweite Bedeutung haben:

el padre	der Vater	los padres	die Eltern
la letra	der Buchstabe	las letras	die Geisteswissenschaften
la esposa	die Gattin	las esposas	die Handschellen

- Einige Substantive werden nur im Plural gebraucht:
  las gafas die Brille; los alrededores die Umgebung
  (aber umgekehrt: la gente die Leute)

- Die Buchstaben sind alle weiblich: la a, la x (equis)

- Zahlen, Flüsse und Bäume sind männlich:
  el nueve die neun; el Amazonas; el roble die Eiche

- Namen von Zeitungen sind im allgemeinen männlich:
  „El País", el „Informaciones"; aber: „La Vanguardia"

- Einige Substantive sind weiblich und männlich, haben aber ganz verschiedene Bedeutungen:

el frente	die Front	la frente	die Stirn
el capital	das Kapital	la capital	die Hauptstadt
el cura	der Priester	la cura	die Behandlung/Kur
el policía	der Polizist	la policía	die Polizei

- Weibliche Substantive, die mit betontem *a* anfangen, haben im Singular den Artikel *el,* im Plural *las*:
  el alma die Seele, las almas; el águila der Adler, las águilas

Nominativ/Akkusativ/Dativ/Genitiv
(Die vier Fälle)

Nom. (Wer? Was?)	**El coche** corre.	Der Wagen fährt.
Akk. (Wen?)	Juan compra **el coche**.	Juan kauft den Wagen.
Dativ (Wem?)	Doy la mano **a mi amigo**.	Ich gebe meinem Freund die Hand.
Gen. (Wessen?)	El piso **de María** es caro.	Marias Wohnung ist teuer.

- Nominativ- und Akkusativform sind beim Substantiv identisch;
- Dativ hat die Präposition *a* (oder *para*); Genitiv hat *de*;

- im Akkusativ steht die Präposition *a* vor Namen von genau bestimmten Personen oder Lebewesen, aber kein *a* in der Regel bei *tener, necesitar, buscar, encontrar*:

Acompaño **a** Pilar.	Ich begleite Pilar.
Tengo muchos amigos.	Ich habe viele Freunde.
¿Entiendes **al** profesor?	Verstehst du den Lehrer/Professor?
Necesitamos un médico.	Wir brauchen einen Arzt.

a + el = al	Voy **al** cine.	Ich gehe ins Kino.
de + el = del	Viene **del** jardín.	Er kommt vom Garten.

Präposition „de" (Verhältniswort „de")

Die Präposition *de* steht im Spanischen

- für zusammengesetzte Substantive im Deutschen:

mesa **de** mármol	Marmortisch
la dama **del** collar **de** perlas	die Dame mit der Perlenkette

- nach Substantiven, die Menge, Maß oder Anzahl bezeichnen:

dos kilos **de** manzanas	zwei Kilo Äpfel
un litro **de** leche	ein Liter Milch
una taza **de** té	eine Tasse Tee

- für Bezeichnung der Herkunft, Ursache oder näheren Bestimmung:

Soy **de** Valencia.	Ich bin aus Valencia.
María tiembla **de** miedo.	Maria zittert vor Angst.
el mes **de** junio	der Monat Juni

!

Verkleinerungsformen

- *-ito, -cito, -ico, -illo:*
  pajar**ito**, pajar**ico**, pajar**illo** kleiner Vogel
  un coche**cito** ein kleiner Wagen

- als Ausdruck der Zärtlichkeit oder der Sympathie:
  ¡Hola, Pedr**ito**!   Hallo, Peter!

Vergrößerungsformen

-ón, -tón, -azo, -ote: hombr**ón**, hombr**ote** (körperlich) größer Mann
(*-aco, -acho, -ucho* = Geringschätzung: libr**aco** schlechtes Buch)

Das Adjektiv (Eigenschaftswort)

Singular und Plural

- Adjektive auf *-o* bilden die weibliche Form auf *-a*:

el jardín bell**o**	der schöne Garten
la muchacha bell**a**	das schöne Mädchen

- Männliche Adjektive auf *-or, -án, -ín, -ón* fügen für die weibliche Form ein *a* hinzu:
  trabajad**or**, trabajad**ora**   fleißig
  harag**án**, harag**ana**   träge
  parlanch**ín**, parlanch**ina**   redselig
  burl**ón**, burl**ona**   höhnisch

- Nationalitätsadjektive: weibliche Form auf *-a*
  (unverändert bleiben Adjektive mit den Endungen *-i, -e*):
  inglés, ingles**a**   englisch
  español, español**a**   spanisch
  marroqu**í**; árab**e**   marokkanisch; arabisch

- Alle anderen Adjektive haben für beide Geschlechter nur eine Form:
  el tiempo / la vida brev**e**   die kurze Zeit, das kurze Leben.
  el traje / la camisa gri**s**   der graue Anzug, das graue Hemd

- Der Plural wird beim Adjektiv wie beim Substantiv gebildet:

las plant**as** bonit**as**	die schönen Pflanzen
los zapat**os** azul**es**	die blauen Schuhe
los chic**os** aleman**es**	die deutschen Jungen

Übereinstimmung von Substantiv und Adjektiv
(Hauptwort und Eigenschaftswort)

Das Adjektiv richtet sich immer in Geschlecht und Zahl nach dem Nomen:

el muchacho	**rubio**	der blonde Junge
la muchacha	**rubia**	das blonde Mädchen
los muchachos	**rubios**	die blonden Jungen
las muchachas	**rubias**	die blonden Mädchen

Carlos es **rubio**.	Carlos ist blond.
¿Conoces a esa chica **rubia**?	Kennst du dieses blonde Mädchen?
Esos chicos son **rubios**.	Diese Jungen sind blond.
Anita y Cristina son **rubias**.	Anita und Cristina sind blond.

Stellung des Adjektivs

- Das Adjektiv steht im allgemeinen hinter dem Substantiv

el traje negro / azul / gris	der schwarze / blaue / graue Anzug
un abrigo alemán / inglés	ein deutscher / englischer Mantel

- *Bueno* und *malo*, die oft vor dem Substantiv stehen, verlieren dann im Singular-männlich die Endung *-o*:
  un **buen** comienzo ein guter Anfang; un **mal** día ein schlechter Tag
- *Grande* wird vor einem Substantiv im Singular (männlich oder weiblich) auf *gran* verkürzt:
  un **gran** hombre, una **gran** mujer ein großer Mann, eine große Frau
  aber: un libro **grande** ein großes Buch
- *Mucho, poco* und *otro* werden dem Substantiv vorangestellt:
  mucha / poca suerte viel / wenig Glück; **otro** vaso ein anderes Glas
- Voranstehende Adjektive bezeichnen meistens eine typische Eigenschaft oder eine übertragene Bedeutung:
  la **ahorrativa** hormiga die sparsame Ameise
  un **pobre** hombre ein armer Mensch (bedauernswert)
  aber: un hombre **pobre** ein armer Mensch (ohne Geld)

Adverb (Umstandswort)

- Außer ursprünglichen Adverbien: *pronto* (bald), *aquí* (hier), gibt es adverbiale Ausdrücke: *sin embargo* (aber), *de repente* (plötzlich):

Juan llegará **pronto**.	Juan wird bald kommen.
A la larga no lo hará.	Auf die Dauer wird er es nicht tun.

- Bildung von Adverbien durch Anhängen von *-mente* an die weibliche Form bzw. an *-e* oder Konsonantenendung des Adjektivs:

Lo he hecho **rápidamente**.	Ich habe es schnell getan.
un día **terriblemente** frío	ein fürchterlich kalter Tag
Leo **principalmente** novelas.	Ich lese hauptsächlich Romane.

- *muy* (sehr) steht vor Adjektiven oder Adverbien, *mucho* (viel, sehr) steht allein beim Verb oder als Adjektiv vor Substantiven:

Es un vino **muy** bueno.	Es ist ein sehr guter Wein.
Hemos llegado **muy** tarde.	Wir sind sehr spät gekommen.
Marisa escribe **mucho**.	Marisa schreibt viel.
Ha escrito **muchas** novelas.	Sie hat viele Romane geschrieben.

Regelmäßige Steigerung von Adjektiv und Adverb

caro	más caro	el más caro	carísimo
teuer	teurer	am teuersten	sehr teuer

Las rosas son **más caras** que los claveles.
Rosen sind teurer als Nelken.
Estas rosas son **carísimas / las más caras**.
Diese Rosen sind sehr teuer / am teuersten.

!

- *tan ... como* (so ... wie); *tanto como* (soviel wie)
  tanto/tanta/tantos/tantas ... como (so viel/viele ... wie):

tan vor Adverb oder Adjektiv	Cose **tan** bien **como** tú.	Sie näht so gut wie du.
	Es **tan** alta **como** Juan.	Sie ist so groß wie Juan.
tanto als Adverb	Gana **tanto como** él.	Sie verdient soviel wie er.
tanto, tanta, tantos, tantas als Adjektive	**tantos** amigos y **tanta** suerte **como** Julia so viele Freunde und so viel Glück wie Julia no **tanto** vino nicht so viel Wein	

- *el mismo/la misma ... que* (derselbe/dieselbe ... wie)
  lo mismo, igual que (genauso wie):

los mismos problemas **que** tú	dieselben Probleme wie du
lo mismo, igual que hoy	genauso wie heute

- *más ... que, menos ... que* (mehr ... als, weniger ... als)
  aber: **más de** (vor Sätzen, Zeitangaben, Zahlen: mehr als)
  no más que (nur):

Luis trabaja **más que** tú.	Luis arbeitet mehr als du.
Gana **más de** 50.000 pesos.	Er verdient mehr als 50 000 Pesos.
No hay **más que** dos botellas.	Es gibt nur zwei Flaschen.

Unregelmäßige Steigerung

- Adverbien: *bien, mejor,* muy bien; *mal, peor,* muy mal:
  Me siento **mejor**/muy mal. Ich fühle mich besser/sehr schlecht.
- Adjektive: *bueno, malo, grande, pequeño*:

bueno	mejor / más bueno	buenísimo / **óptimo**	el **mejor**
malo	peor / más malo	malísimo / **pésimo**	el **peor**
grande	mayor / más grande	grandísimo / **máximo**	el **mayor**
pequeño	menor / más pequeño	pequeñísimo / **mínimo**	el **menor**

!

- Orthographisch-/Phonetische Veränderung
  der Adjektive auf
  -ble, -co, -go, -guo:

amable	más / muy / el más amable	amabilísimo
rico	más / muy / el más rico	riquísimo
antiguo	más / muy / el más antiguo	antiquísimo
amargo	más / muy / el más amargo	amarguísimo

Verb: Präsens und Partizip Perfekt
(Zeitwort: Gegenwart und Mittelwort der Vergangenheit)

a) ser — estar; haber — tener

	ser	estar	sein	haber	tener	haben
yo	soy	estoy	ich bin	he	tengo	ich habe
tú	eres	estás	du bist	has	tienes	du hast
él			er ist			er hat
ella	es	está	sie ist	ha	tiene	sie hat
usted			Sie sind			Sie haben
nosotros, -as	somos	estamos	wir sind	hemos	tenemos	wir haben
vosotros, -as	sois	estáis	ihr seid	habéis	tenéis	ihr habt
ellos			sie sind			sie haben
ellas	son	están	sie sind	han	tienen	sie haben
ustedes			Sie sind			Sie haben
	sido	estado	gewesen	(habido)	tenido	gehabt

- (Zum Gebrauch von *ser* und *estar* s. 223–224.)
- *Haber* wird nur für die zusammengesetzten Zeiten gebraucht (s. aber „*hay*", S. 224):
  Hemos comido bien. Wir haben gut gegessen.

!

- *Tener* (besitzen): ¿**Tienes** dinero? Hast du Geld?
- Das Personalpronomen (persönliches Fürwort) wird nur gebraucht, wenn es betont werden soll, denn die Endungen bezeichnen in der Regel die Person.
- Als Höflichkeitsform verwendet man die
  3. Person Einzahl, wenn man eine Person anredet, und die
  3. Person Mehrzahl, wenn man mit mehreren Personen spricht:
  ¿Qué tal **está** usted, señor Pérez? Wie geht's Ihnen, Herr Pérez?
  ¿**Tienen** ustedes todavía tiempo? Haben Sie noch Zeit?

b) Regelmäßige Verben

Es gibt im Spanischen drei Verbgruppen oder Konjugationen je nach der Infinitivendung:

	-**ar**		-**er**	-**ir**
	hablar sprechen		comprender verstehen	recibir bekommen
yo	habl**o**	ich spreche	comprend**o**	recib**o**
tú	habl**as**	du sprichst	comprend**es**	recib**es**
él ella usted	habl**a**	er spricht sie spricht Sie sprechen	comprend**e**	recib**e**
nosotros, -as	habl**amos**	wir sprechen	comprend**emos**	recib**imos**
vosotros, -as	habl**áis**	ihr sprecht	comprend**éis**	recib**ís**
ellos ellas ustedes	habl**an**	sie sprechen sie sprechen Sie sprechen	comprend**en**	recib**en**
	habl**ado**	gesprochen	comprend**ido**	recib**ido**

c) Verben mit Diphthong

Bei einigen Verben wird *e* zu *ie* und *o* zu *ue* in den stammbetonten Formen:
empezar (anfangen): emp**ie**zo, emp**ie**zas, emp**ie**za, empezamos, empezáis, emp**ie**zan.
volver (zurückkommen): v**ue**lvo, v**ue**lves, v**ue**lve, volvemos, volvéis, v**ue**lven.

Andere Verben dieser Gruppe:

cerrar	schließen	entender	verstehen
pensar	denken	perder	verlieren
despertarse	aufwachen	querer	wollen, lieben
sentarse	sich setzen	poder	können, dürfen
encontrar	finden	doler	weh tun
costar	kosten	preferir	vorziehen
contar	zählen, erzählen	sentir	fühlen, bedauern
acostarse	sich ins Bett legen	dormir	schlafen

d) Unregelmäßige Partizipien (s. auch S. 219 ff.)

abrir	öffnen	abierto	morir	sterben	muerto
cubrir	(zu)decken	cubierto	resolver	(auf)lösen	resuelto
escribir	schreiben	escrito	romper	brechen	roto

Imperfekt - Historische Vergangenheit - Perfekt
(Vergangenheit - „Indefinido" - Vollendete Vergangenheit)

	hablar	comprender	recibir
Imperfekt	hablaba	comprendía	recibía
	hablabas	comprendías	recibías
	hablaba	comprendía	recibía
	hablábamos	comprendíamos	recibíamos
	hablabais	comprendíais	recibíais
	hablaban	comprendían	recibían

Indefinido	hablé	comprendí	recibí
	hablaste	comprendiste	recibiste
	habló	comprendió	recibió
	hablamos	comprendimos	recibimos
	hablasteis	comprendisteis	recibisteis
	hablaron	comprendieron	recibieron

Perfecto	he hablado	he comprendido	he recibido

!

- Imperfekt wird hauptsächlich zur Beschreibung eines Zustandes verwendet; außerdem für wiederholte und zeitlich nicht deutlich begrenzte Vorgänge oder Handlungen.
- Indefinido wird für in der Vergangenheit abgeschlossene Handlungen benutzt, die zu einem bestimmten Zeitpunkt oder in einer bestimmten Zeitspanne erfolgt sind:

Imperfekt	Indefinido
Cuando **iba** a dormirme, Als ich einzuschlafen begann,	**sonó** el teléfono. klingelte das Telefon.
Quería ser médico Er wollte Arzt werden,	pero no **terminó** la carrera. beendete aber das Studium nicht.
Sabías mis señas Du kanntest meine Adresse,	pero no **escribiste.** hast aber nicht geschrieben.

Siempre **llamaba** por teléfono cuando **estábamos** durmiendo.
Jedesmal wenn wir schliefen, hat er angerufen.
Ayer **llamó** por teléfono cuando **estábamos** durmiendo.
Gestern rief er an, während wir schliefen.

Perfekt und historische Vergangenheit

- Perfekt (immer mit *haber* als Hilfsverb) wird für vergangene, abgeschlossene Handlungen gebraucht, wenn sie in Verbindung **mit der Gegenwart** stehen;
- Die historische Vergangenheit dagegen wird für solche Handlungen gebraucht, die in Verbindung **mit der Vergangenheit** stehen:

Perfekt	Indefinido
Este año **he tenido** suerte. Dieses Jahr habe ich Glück gehabt.	Ayer **vi** a Juan en el concierto. Gestern habe ich Juan im Konzert gesehen.
¿Ya **ha venido** Anita? Ist Anita schon gekommen?	El sábado **dormimos** hasta las 10. Samstag haben wir bis 10 Uhr geschlafen.

!

Futur (Zukunft)

hablar	leer	escribir
hablaré	leeré	escribiré
hablarás	leerás	escribirás
hablará	leerá	escribirá
hablaremos	leeremos	escribiremos
hablaréis	leeréis	escribiréis
hablarán	leerán	escribirán

Anstatt der Futurformen gebraucht man sehr oft für die nahe Zukunft das Präsens von *ir* + *a* + Infinitiv:
Voy a hablar con Pedro.   Ich werde / will mit Pedro sprechen.
¿**Vas a leer** pronto el libro?   Wirst Du das Buch bald lesen?
Vamos a escribir a Pilar.   Wir werden Pilar schreiben.

Konditional (Bedingungsform)

hablaría	leería	escribiría
hablarías	leerías	escribiría
hablaría	leería	escribiría
hablaríamos	leeríamos	escribiríamos
hablaríais	leeríais	escribiríais
hablarían	leerían	escribirían

Das Konditional wird oft in höflichen Wendungen gebraucht:
¿**Podría** usted ayudarme?   Könnten Sie mir helfen?
Querría pedirle algo.   Ich möchte Sie um etwas bitten.
Si lo tuviera, te lo **daría**.   Ich würde es dir geben, wenn
                               ich es hätte.

!

Imperativ (Befehlsform)

a) bejahte Formen

	hablar		comer	escribir
du	habla	sprich!	come	escribe
ihr	hablad	sprecht!	comed	escribid
Sie (Sing.)	hable	sprechen Sie!	coma	escriba
Sie (Pl.)	hablen	sprechen Sie!	coman	escriban

b) verneinte Formen

	hablar	comer	escribir
du	no hables	no comas	no escribas
ihr	no habléis	no comáis	no escribáis
Sie (Sing.)	no hable (usted)	no coma	no escriba
Sie (Pl.)	no hablen (ustedes)	no coman	no escriban

Gerundium

cantar	cantando	reír	riendo	pedir	pidiendo
comer	comiendo	leer	leyendo	sentir	sintiendo
escribir	escribiendo	oír	oyendo	dormir	durmiendo

(s. auch S. 219 ff.)

Siempre **está cantando**.	Sie singt immer.
¿Todavía **estás comiendo**?	Ißt Du immer noch?
¡**Siga** usted **leyendo**!	Lesen Sie weiter!
¿Por qué **estás riendo**?	Warum lachst du?
Leyendo se aprende mucho.	Wenn man liest, lernt man viel.

Gerundium + *estar, ir, seguir* wird für Handlungen verwendet, die gerade vor sich gehen, hat sonst die Bedeutung von Nebensätzen mit „indem", „weil", „während", „wenn", „da", „als" ...

!

Wichtige unregelmäßige Verben (s. auch S. 215)

andar, gehen, laufen

Indefinido:	anduve, anduviste, anduvo, anduvimos, usw.

caber Platz haben, hineingehen

Präsens:	quepo, cabes, cabe, cabemos, cabéis, caben
Futur:	cabré, cabrás, cabrá, cabremos, cabréis, cabrán
Indefinido:	cupe, cupiste, cupo, cupimos, cupisteis, cupieron
Konditional:	cabría, cabrías, cabría, cabríamos, usw.

caer(se) fallen

Präsens:	caigo, caes, cae, caemos, caéis, caen
Imperativ:	no te caigas, no os caigáis, no se caiga, usw.

coger nehmen, greifen

Präsens:	cojo, coges, coge, cogemos, cogéis, cogen
Imperativ:	coge/no cojas, coged/no cojáis, (no) coja, usw.

conducir führen, fahren

Präsens:	conduzco, conduces, conduce, conducimos, usw.
Indefinido:	conduje, condujiste, condujo, condujimos, usw.
Imperativ:	conduce/no conduzcas, conducid/no conduzcáis, (no) conduzca, (no) conduzcan.

So auch andere Verben mit der Endung *-ucir,* z. B.
producir herstellen, **traducir** übersetzen

conocer kennen, kennenlernen

Präsens:	conozco, conoces, conoce, conocemos, usw.

So auch **agradecer** danken: agradezco, agradeces, usw.

dar geben

Präsens:	doy, das, da, damos, dais, dan
Indefinido:	di, diste, dio, dimos, disteis, dieron

decir sagen   dicho gesagt   Gerundium: diciendo

Präsens:	digo, dices, dice, decimos, decís, dicen
Futur:	diré, dirás, dirá, diremos, diréis, dirán
Indefinido:	dije, dijiste, dijo, dijimos, dijisteis, dijeron
Konditional:	diría, dirías, diría, diríamos, diríais, dirían
Imperativ:	di/no digas, decid/no digáis, (no) diga, (no) digan

estar sein, sich befinden, liegen (s. auch S. 213, 223, 224)

Präsens:	estoy, estás, está, estamos, estáis, están
Indefinido:	estuve, estuviste, estuvo, estuvimos, usw.

haber haben (nur als Hilfsverb: *he* estado, s. auch S. 213, 224)

Präsens:	he, has, ha, hemos, habéis, han
Futur:	habré, habrás, habrá, habremos, habréis, habrán
Indefinido:	hube, hubiste, hubo, hubimos, hubisteis, hubieron
Konditional:	habría, habrías, habría, habríamos, usw.

hacer machen, tun   hecho gemacht

Präsens:	hago, haces, hace, hacemos, hacéis, hacen
Futur:	haré, harás, hará, haremos, haréis, harán
Indefinido:	hice, hiciste, hizo, hicimos, hicisteis, hicieron
Konditional:	haría, harías, haría, haríamos, haríais, harían
Imperativ:	haz/no hagas, haced/no hagáis, (no) haga, usw.

ir gehen   ido gegangen   Gerundium: yendo

Präsens:	voy, vas, va, vamos, vais, van
Indefinido:	fui, fuiste, fue, fuimos, fuisteis, fueron
Imperfekt:	iba, ibas, iba, íbamos, ibais, iban
Imperativ:	ve/no vayas, id/no vayáis, (no) vaya, (no) vayan

oír hören   Gerundium: oyendo

Präsens:	oigo, oyes, oye, oímos, oís, oyen
Indefinido:	oí, oíste, oyó, oímos, oísteis, oyeron
Imperativ:	oye/no oigas, oíd/no oigáis, (no) oiga, (no) oigan

!

poder können, dürfen Gerundium: pudiendo

Präsens:	puedo, puedes, puede, podemos, podéis, pueden
Futur:	podré, podrás, podrá, podremos, podréis, podrán
Indefinido:	pude, pudiste, pudo, pudimos, usw.
Konditional:	podría, podrías, podría, podríamos, usw.

poner setzen, stellen, legen puesto gesetzt

Präsens:	pongo, pones, pone, ponemos, ponéis, ponen
Futur:	pondré, pondrás, pondrá, pondremos, usw.
Indefinido:	puse, pusiste, puso, pusimos, usw.
Konditional:	pondría, pondrías, pondría, pondríamos, usw.
Imperativ:	pon/no pongas, poned/no pongáis, (no) ponga, (no) pongan

querer wollen, lieben, wünschen

Präsens:	quiero, quieres, quiere, queremos, queréis, quieren
Futur:	querré, querrás, querrá, querremos, usw.
Indefinido:	quise, quisiste, quiso, quisimos, usw.
Konditional:	querría, querrías, querría, querríamos, usw.

reír(se) lachen Gerundium: riendo

Präsens:	río, ríes, ríe, reímos, reís, ríen
Indefinido:	reí, reíste, rió, reímos, reísteis, rieron
Imperativ:	ríe/no rías, reíd/no riáis, (no) ría, (no) rían

saber wissen, können; schmecken

Präsens:	sé, sabes, sabe, sabemos, sabéis, saben
Futur:	sabré, sabrás, sabrá, sabremos, sabréis, sabrán
Indefinido:	supe, supiste, supo, supimos, usw.
Konditional:	sabría, sabrías, sabría, sabríamos, usw.

salir gehen, ausgehen; abfahren

Präsens:	salgo, sales, sale, salimos, salís, salen
Futur:	saldré, saldrás, saldrá, saldremos, usw.
Konditional:	saldría, saldrías, saldría, saldríamos, usw.
Imperativ:	sal/no salgas, salid/no salgáis, (no) salga, usw.

seguir folgen, fortsetzen; weiterfahren   Gerundium: siguiendo

Präsens:	sigo, sigues, sigue, seguimos, seguís, siguen
Indefinido:	seguí, seguiste, siguió, seguimos, seguisteis, siguieron
Imperativ:	sigue/no sigas, seguid/no sigáis, (no) siga, usw.

ser sein (s. auch S. 213, 223ff.) sido gewesen Gerundium: siendo

Präsens:	soy, eres, es, somos, sois, son
Indefinido:	fui, fuiste, fue, fuimos, fuisteis, fueron
Imperfekt:	era, eras, era, éramos, erais, eran
Imperativ:	sé/no seas, sed/no seáis, (no) sea, (no) sean

tener haben, besitzen; **tener que** müssen

Präsens:	tengo, tienes, tiene, tenemos, tenéis, tienen
Futur:	tendré, tendrás, tendrá, tendremos, usw.
Indefinido:	tuve, tuviste, tuvo, tuvimos, usw.
Konditional:	tendría, tendrías, tendría, tendríamos, usw.
Imperativ:	ten/no tengas, tened/no tengáis, (no) tenga, usw.

traer bringen, herbringen   Gerundium: trayendo

Präsens:	traigo, traes, trae, traemos, traéis, traen
Indefinido:	traje, trajiste, trajo, trajimos, usw.
Imperativ:	trae/no traigas, traed/no traigáis, (no) traiga, usw.

venir kommen   Gerundium: viniendo

Präsens:	vengo, vienes, viene, venimos, venís, vienen
Futur:	vendré, vendrás, vendrá, vendremos, usw.
Indefinido:	vine, viniste, vino, vinimos, usw.
Konditional:	vendría, vendrías, vendría, vendríamos, usw.
Imperativ:	ven/no vengas, venid/no vengáis, (no) venga usw.

!

ver sehen; **verse** sich treffen visto gesehen

Präsens:	veo, ves, ve, vemos, veis, ven
Imperfekt:	veía, veías, veía, veíamos, veíais, veían

volver zurück-, wiederkommen vuelto zurückgekommen

Präsens:	vuelvo, vuelves, vuelve, volvemos, volvéis, vuelven
Imperativ:	vuelve/no vuelvas, volved/no volváis, (no) vuelva, (no) vuelvan

Ser und Estar (sein) (Konjugation s. S. 220, 222)

- *Ser* = wesentliche, dauerhafte, charakteristische Eigenschaften;
  Ser wird vor Substantiven gebraucht;
  Ser wird verwendet für die Angabe von: Uhrzeit, Tag, Beruf, Verwandtschaft, Staatsangehörigkeit, Religion:

Juan **es inteligente**.	Juan ist intelligent.
La puerta **es de madera**.	Die Tür ist aus Holz.
Vámonos, ya **es la una**.	Gehen wir, es ist schon 1 Uhr.
Mañana **es domingo**, ¡qué bien!	Morgen ist Sonntag, wie schön.
Carmen **es médico**.	Carmen ist Ärztin.
¿Tú **eres español** o argentino?	Bist du Spanier oder Argentinier?

- *Estar* = irgendwo „sein", „liegen", „stehen";
  Estar = sich befinden, sich fühlen;
  Estar vor Adjektiv oder Partizip: vorübergehende Eigenschaft, Zustand, stattgefundene Veränderungen:

Fernando **está en Berlin**.	Fernando ist in Berlin.
Segovia **está en España**.	Segovia liegt in Spanien.
Marisa **está** hoy **mejor**.	Marisa geht es heute besser.
¿Por qué **está** Luisa **triste**?	Warum ist Luisa traurig?
La puerta **está abierta**.	Die Tür ist offen.
La sopa **está** muy **salada**.	Die Suppe ist sehr salzig.

!

Bedeutungsvergleich von ser und estar

ser = an sich sein, so sein	estar = vorübergehend sein, so aussehen
Luis **es un hombre enfermo**. Luis ist ein kranker Mensch. Luis **es generoso**. Luis ist großzügig. Luis **es joven**. Luis ist jung.	María **está enferma**. Maria ist krank. María **está** muy **generosa**. Maria ist (heute) sehr großzügig. María **está joven**. Maria sieht jung aus.

Hay („Es gibt") (s. auch S. 213)

- *Hay* wird nicht konjugiert.
  Hay steht beim Substantiv mit unbestimmtem Artikel oder ohne Artikel.
  Hay steht auch vor Zahlen und vor unbestimmten Pronomen.

- *Hay que* + Infinitiv = man muß

hay	es gibt	habrá	es wird ... geben
había	es gab	habría	es gäbe
hubo	es gab	ha habido	es hat ... gegeben

¿Qué **hay** hoy para comer?	Was gibt es heute zu essen?
Ayer **hubo** una huelga.	Gestern gab es einen Streik.
Habrá muchos problemas.	Es wird viele Probleme geben.
Hay que comprar fruta.	Man muß Obst kaufen.

!

ver sehen; **verse** sich treffen **visto** gesehen

Präsens:	veo, ves, ve, vemos, veis, ven
Imperfekt:	veía, veías, veía, veíamos, veíais, veían

volver zurück-, wiederkommen **vuelto** zurückgekommen

Präsens:	vuelvo, vuelves, vuelve, volvemos, volvéis, vuelven
Imperativ:	vuelve/no vuelvas, volved/no volváis, (no) vuelva, (no) vuelvan

Ser und Estar (sein) (Konjugation s. S. 220, 222)

- *Ser* = wesentliche, dauerhafte, charakteristische Eigenschaften;
  Ser wird vor Substantiven gebraucht;
  Ser wird verwendet für die Angabe von: Uhrzeit, Tag, Beruf, Verwandtschaft, Staatsangehörigkeit, Religion:

Juan **es inteligente**.	Juan ist intelligent.
La puerta **es de madera**.	Die Tür ist aus Holz.
Vámonos, ya **es la una**.	Gehen wir, es ist schon 1 Uhr.
Mañana **es domingo**, ¡qué bien!	Morgen ist Sonntag, wie schön.
Carmen **es médico**.	Carmen ist Ärztin.
¿Tú **eres español** o argentino?	Bist du Spanier oder Argentinier?

- *Estar* = irgendwo „sein", „liegen", „stehen";
  Estar = sich befinden, sich fühlen;
  Estar vor Adjektiv oder Partizip: vorübergehende Eigenschaft, Zustand, stattgefundene Veränderungen:

Fernando **está en Berlin**.	Fernando ist in Berlin.
Segovia **está en España**.	Segovia liegt in Spanien.
Marisa **está** hoy **mejor**.	Marisa geht es heute besser.
¿Por qué **está** Luisa **triste**?	Warum ist Luisa traurig?
La puerta **está abierta**.	Die Tür ist offen.
La sopa **está** muy **salada**.	Die Suppe ist sehr salzig.

!

● Bedeutungsvergleich von ser und estar

ser = an sich sein, so sein	*estar* = vorübergehend sein, so aussehen
Luis **es un hombre enfermo**. Luis ist ein kranker Mensch. Luis **es generoso**. Luis ist großzügig. Luis **es joven**. Luis ist jung.	María **está enferma**. Maria ist krank. María **está** muy **generosa**. Maria ist (heute) sehr großzügig. María **está joven**. Maria sieht jung aus.

Hay („Es gibt") (s. auch S. 213)

- *Hay* wird nicht konjugiert.
  Hay steht beim Substantiv mit unbestimmtem Artikel oder ohne Artikel.
  Hay steht auch vor Zahlen und vor unbestimmten Pronomen.

- *Hay que* + Infinitiv = man muß

hay	es gibt	habrá	es wird ... geben
había	es gab	habría	es gäbe
hubo	es gab	ha habido	es hat ... gegeben

¿Qué **hay** hoy para comer?	Was gibt es heute zu essen?
Ayer **hubo** una huelga.	Gestern gab es einen Streik.
Habrá muchos problemas.	Es wird viele Probleme geben.
Hay que comprar fruta.	Man muß Obst kaufen.

!

Personalpronomen (Persönliche Fürwörter)
(als Subjekt im Nominativ s. S.213)

Dativ		Akkusativ		Nach Präposition	
me	mir	**me**	mich	sobre **mí**	über mich/mir
te	dir	**te**	dich	sobre **ti**	über dich/dir
le	ihm	**le, lo**	ihn	sobre **él**	über ihn/ihm
	ihr	**la**	sie	sobre **ella**	über sie/ihr
	Ihnen	**le, lo**	Sie	sobre **usted**	über Sie/Ihnen
nos	uns	**nos**	uns	sobre **nosotros**	über uns
os	euch	**os**	euch	sobre **vosotros**	über euch
les	ihnen	**les, los**	sie	sobre **ellos**	über sie/ihnen
	Ihnen	**las**	sie	sobre **ellas**	über sie/ihnen
		les, los, las	Sie	sobre **ustedes**	über Sie/Ihnen

Die männliche Akkusativform *le, les* wird mehr in Spanien, *lo, los* dagegen mehr in Lateinamerika verwendet.

- Dativ- und Akkusativpronomen ohne Präposition stehen immer unmittelbar vor dem Verb (Dativ immer vor Akkusativ):

¿Quién **me** llama?	Wer ruft mich?
Siempre **me lo** dice.	Er sagt es mir immer.

- Dativ und Akkusativ des Personalpronomens nach der Präposition *a* gelten — vor oder nach dem Verb — als Betonung der Dativ- und Akkusativformen ohne Präposition:

Alberto **me** escribe **a mí**.	Alberto schreibt mir.
A ti te lo dice.	Dir sagt er es.
A él no **le** conozco.	Ihn kenne ich nicht.

- Nach der Präposition *con* haben die 1. und 2. Person Singular des Pronomens die Form *conmigo* bzw. *contigo*:

Ana viene hoy **conmigo**.	Ana kommt heute mit mir.
¿Puedo ir el domingo **contigo**?	Kann ich Sonntag mit Dir gehen?

- Nach den Präpositionen *entre* (zwischen), *excepto, menos* (außer) steht die Nominativform:

Todos **menos tú**.	Alle außer dir.
Entre ella y yo no hay secretos.	Zwischen ihr und mir gibt es keine Geheimnisse.

- Steht ein Substantiv als direktes oder indirektes Objekt vor dem Verb, so muß auch noch das entsprechende Pronomen verwendet werden:

La maleta **la** lleva Pedro.	Den Koffer trägt Pedro.
El pan **lo** compras después.	Das Brot kaufst du später.
A Juan no **le** he dado dinero.	Juan habe ich kein Geld gegeben.

- Das Personalpronomen kann an das Infinitiv und an das Gerundium, muß an den bejahten Imperativ angehängt werden:

¿Quieres ver**lo**? ¿**Lo** quieres ver?	Möchtest du es sehen?
Está haciéndo**lo**./**Lo** está haciendo.	Er macht es gerade.
¡Dáme**lo**, por favor!	Gib es mir bitte!

- Dativ *le, les* vor dem Akkusativ *lo, los, la* wird zu *se*:

Mañana **se** lo doy.	Morgen gebe ich es Ihnen / ihm / ihr.
Se las daré a Luis.	Ich werde sie Luis geben.
¿La llave? **Se** la he dado a tu hermano.	Der Schlüssel? Den habe ich deinem Bruder gegeben.

- *Ello* wird meistens nur mit Präposition gebraucht:
  por ello deshalb, **con ello** damit, **para ello** dafür.

!

Reflexivpronomen und reflexive Verben
(Rückbezügliche Für- und Zeitwörter)

acostumbrarse sich gewöhnen

yo	**me** acostumbro	ich gewöhne	mich
tú	**te** acostumbras	du gewöhnst	dich
él, ella	**se** acostumbra	er, sie gewöhnt	sich
usted		Sie gewöhnen	sich
nosotros, -as	**nos** acostumbramos	wir gewöhnen	uns
vosotros, -as	**os** acostumbráis	ihr gewöhnt	euch
ellos, ellas	**se** acostumbran	sie gewöhnen	sich
ustedes		Sie gewöhnen	sich

- Das Reflexivpronomen steht vor dem Hauptverb oder Hilfsverb und hinter der Verneinung;
- Es kann an den Infinitiv und an das Gerundium, muß an den bejahten Imperativ angehängt werden:

Pedro no **se** quiere peinar.	Pedro will sich nicht kämmen.
¿**Se** ha levantado ya Luis?	Ist Luis schon aufgestanden?
¿No quieres afeitar**te**?	Willst du dich nicht rasieren?
¿No **te** quieres afeitar?	
Isabel está levantándo**se**.	Isabel steht gerade auf.
Isabel **se** está levantando.	
¡Tranquilíza**te**, hombre!	Beruhige dich, Mensch!

- Die 2. Person Plural des bejahten Imperativs wird beim reflexiven Verb anders:
  ¡Hablad! Sprecht! ¡March**aos**! Geht weg!
- *Se* mit der 3. Person des Verbs kann auch die unpersönliche Form bilden; mit *uno se* wird die unpersönliche Form des reflexiven Verbes gebildet;
- *Se* + Verb in 3. Person ist eine Umschreibung des Passivs:

Aquí **se respira** mucho mejor.	Hier atmet man viel besser.
Uno **se siente** cansado.	Man fühlt sich müde.
Se alquilan coches.	Wagen zu vermieten.
Esas casas **se venden**.	Diese Häuser werden vermietet.

Possessivpronomen (Besitzanzeigende Fürwörter)

unbetonte Form			betonte Form	
mi	trabajo	meine Arbeit	**mío, mía, míos, mías**	mein
tu	amigo	dein Freund	**tuyo, tuya, -os, -as**	dein
su	jardín	sein Garten / ihr Garten / Ihr Garten	**suyo, suyas, -os, -as**	sein / ihr / Ihr
nuestro	padre	unser Vater	**nuestro, nuestra, -os, -as**	unser
vuestro	tren	euer Zug	**vuestro, vuestra, -os, -as**	euer
su	coche	ihr Wagen / Ihr Wagen	**suyo, suya, -os, -as**	ihr / Ihr

- Die betonte Form des Possessivpronomens steht
  — nach einem Substantiv; — allein nach dem Verb *ser*;
  — allein nach bestimmten Artikel;

Tengo unas cartas **tuyas**.	Ich habe einige Briefe von dir.
Ese diccionario es **mío**.	Dieses Wörterbuch gehört mir.

Relativpronomen (Bezügliche Fürwörter)

- *Que*, das häufigste Relativpronomen, ist unveränderlich.
- Vor *que* nach Präposition steht oft der bestimmte Artikel:

Tengo el libro **que** buscas.	Ich habe das Buch, das du suchst.
El diccionario **con el que** traduzco.	Das Wörterbuch, mit dem ich übersetze.

- *Quien, quienes* (für Personen): fast nur mit Präpositionen.
- *Lo que* = das, was:

El amigo **con quien** viajo.	Der Freund, mit dem ich fahre.
Dice siempre **lo que** piensa.	Er sagt immer, was er denkt.

- *el cual, la cual, los cuales, las cuales* bezieht sich auf Personen oder Sachen und wird selten verwendet.

!

Demonstrativpronomen (Hinweisende Fürwörter)

este / ese / aquel	libro	dieses Buch hier, das da, jenes dort
esta / esa / aquella	flor	diese Blume hier, die da, jene dort
estos / esos / aquellos	vasos	diese Gläser hier, die da, jene dort
estas / esas / aquellas	blusas	diese Blusen hier, die da, jene dort
esto / eso / aquello		das hier, das da, das dort

- *Este, esta, esto* weisen auf alles hin, was im Bereich und in greifbarer Nähe des Sprechenden liegt;
- *Ese, esa, eso* weisen auf alles hin, was in der Nähe des Sprechenden liegt, aber nicht greifbar ist;
- *Aquel, aquella, aquello* weisen auf alles hin, was weder in der Nähe des Sprechenden noch des Angesprochenen liegt:

¿Te gusta **esta** camisa?	Gefällt dir dieses Hemd hier?
¿Cuál, **esa** azul?	Welches, das blaue?
¿Ves **aquel** molino?	Siehst du die Mühle dort?

- *Esto, eso, aquello* (Neutrum) steht immer allein:

¿Qué es **eso**?	Was ist das?
¿**Esto**? Una piedra.	Das hier? Ein Stein.

Fragepronomen und Fragewörter

quién wer?	¿**Quién** ha llamado?	Wer hat angerufen?
	¿**A quién** esperas?	Auf wen wartest du?
	¿**Por quién** ha preguntado?	Nach wem hat er gefragt?

qué was?	¿**Qué** has dicho?	Was hast du gesagt?
	¿**De qué** se trata?	Worum geht es?
	¿**Qué** hora es?	Wieviel Uhr ist es?

cuánto wie viel? wie lange?	¿**Cuánto** dinero necesitas? ¿**Cuántas** chaquetas tienes? ¿**Cuánto** dura la película?	Wieviel Geld brauchst du? Wie viele Jacken hast du? Wie lange dauert der Film?

dónde wo?	¿**Dónde** estudias español? ¿**Dónde** está la parada?	Wo lernst du Spanisch? Wo ist die Haltestelle?

adónde wohin?	¿**Adónde** quieren ir ustedes? ¿**Adónde** vas tan pronto?	Wohin möchten Sie gehen? Wo gehst du so früh hin?

de dónde woher?	¿**De dónde** vienes? ¿**De dónde** es esa muchacha?	Wo kommst du her? Wo kommt dieses Mädchen her?

cuál welcher?	¿**Cuál** es la capital? ¿**Cuál** de las dos quieres?	Welches ist die Hauptstadt? Welche von beiden möchtest Du?

cómo wie?	¿**Cómo** te llamas? ¿**Cómo** está su señora?	Wie heißt du? Wie geht es Ihrer Frau?

por qué warum?	¿**Por qué** os vais ya? No sé **por qué** está tan triste.	Warum geht ihr schon? Ich weiß nicht, warum sie so traurig ist.

- Alle Fragepronomen und Fragewörter (und auch Ausrufewörter: ¡**qué bonito**! wie schön!) tragen einen Akzent.
- Was für ... = *qué*: ¿**Qué** noticias traes? Was für Nachrichten bringst du?

Indefinite Pronomen (Unbestimmte Fürwörter)

algo etwas nada nichts	Mejor es **algo** que **nada**. ¿Por qué no dices **nada**?	Besser ist etwas als nichts. Warum sagst du nichts?

alguien jemand *nadie* niemand	¿Ha llamado **alguien**? No, no ha llamado **nadie**.	Hat jemand angerufen? Nein, niemand hat angerufen.

alguno jemand (von), (irgend)einer (von) *ninguno* keiner niemand (von)	¿Vive aquí **algún** médico? No, aquí no vive **ninguno**. ¿**Alguno** de vosotros lo sabe? Aquí no hay **ningún** libro.	Wohnt hier ein Arzt? Nein, hier wohnt keiner. Weiß es jemand von euch? Hier ist gar kein Buch.

- *Alguno, ninguno* = *algún, ningún* vor männlichen Substantiven im Singular.
  (Stellung von *nada, nadie, ninguno* = s. S. 232.)
- Steht *todo* vor einem Substantiv, so muß meistens der bestimmte Artikel zwischen *todo* und dem Substantiv gebraucht werden.
  (Der Artikel kann entfallen, wenn es sich um eine Verallgemeinerung handelt: **Todo** hombre es mortal. Jeder Mensch ist sterblich.)

todo alles, ganz *cada*, *cada uno* jeder	Aquí **todo** está limpio. ¿Has comido **todo el** pan? Inés limpia **todos los** días **toda la** casa. Por **cada** buena acción tendrá **cada uno** su premio.	Hier ist alles sauber. Hast du das ganze Brot gegessen? Ines putzt jeden Tag die ganze Wohnung. Für jede gute Tat wird jeder seine Belohnung haben.

Verneinung

- *No* (nein, nicht) steht immer vor dem Verb;
- *Nada* (nichts) steht meistens hinter dem Verb. *Nadie, ninguno, nunca* (niemand, keiner, niemals) stehen vor oder nach dem Verb;
- Stehen *nada, nadie, ninguno, nunca* hinter dem Verb, so muß *no* vor dem Verb stehen;
- *No* steht immer vor Akkusativ und Dativ des Personal- und Reflexivpronomens;
- *Ninguno* wird fast nur im Singular gebraucht:

Pablo **no** volverá hoy.	Pablo wird heute nicht zurückkommen.
Este chico **no** aprende **nada**.	Dieser Junge lernt nichts.
Laura **no** volverá **nunca** más. **Nunca** más volverá Laura.	Laura wird nie wieder kommen.
Mi hija **no** me lo ha dado.	Meine Tochter hat es mir nicht gegeben.
¿**No** tienes **ninguna** foto de él?	Hast du keine Bilder von ihm?

Wortstellung

- Regelmäßig: Subjekt — Verb — direktes Objekt — indirektes Objekt:
  Fernando presta un libro a Luisa. Fernando leiht Luisa ein Buch.
- Andere übliche Wortstellungen:
  Sin duda, Ana llegará hoy. Ana wird ohne Zweifel heute kommen.
  Es mejor Carlos que su hermano. Carlos ist besser als sein Bruder.
- Bei Fragesätzen ist die Wortstellung genauso wie im Deutschen.
- (Stellung vom Akkusativ- und Dativpronomen: s. S. 225, 226.)

!

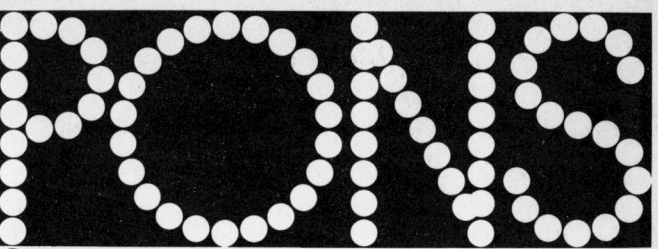

Reisewörterbücher

Englisch (Klettbuch 51861)
dazu Compact-Cassette (Klettnummer 51871)

Französisch (Klettbuch 51862)
dazu Compact-Cassette (Klettnummer 51872)

Italienisch (Klettbuch 51863)
dazu Compact-Cassette (Klettnummer 51873)

Spanisch (Klettbuch 51864)
dazu Compact-Cassette (Klettnummer 51874)

Portugiesisch (Klettbuch 51866)
dazu Compact-Cassette (Klettnummer 51876)

Serbokroatisch (Klettbuch 51867)
dazu Compact-Cassette (Klettnummer 51877)

Griechisch (Klettbuch 51868)
dazu Compact-Cassette (Klettnummer 51878)

Türkisch (Klettbuch 51869)
dazu Compact-Cassette (Klettnummer 51879)

Arabisch (Klettbuch 51811)
dazu Compact-Cassette (Klettnummer 51821)

Schwedisch (Klettbuch 51812)
dazu Compact-Cassette (Klettnummer 51822)

Dänisch (Klettbuch 51813)
dazu Compact-Cassette (Klettnummer 51823)

Niederländisch (Klettbuch 51814)
dazu Compact-Cassette (Klettnummer 51824)

MADRID